交通运输科技丛书·运输服务
交通运输重大科技创新成果库入库成果

旅客联程运输
理论、政策与实践

龚露阳 陈 硕 闫 超 汪 健 刘 新 著

人民交通出版社股份有限公司

北京

内 容 摘 要

本书主要内容包括旅客联程运输基础理论、发展现状及问题、发展模式、发展评价、时空特征分析方法、国外现状及经验借鉴、发展战略及推进路径七个方面。研究提出了我国旅客联程运输的概念、内涵、特征，不同发展模式的概念和特征，联运发展指数构建方法，基于手机信令的联运时空特征分析方法等，研判了我国旅客联程运输的发展趋势，提出了发展思路和战略任务。

本书的主要读者对象为各级交通运输管理部门、客运出行领域的企业从业人员，以及从事综合运输领域研究的科研人员。

图书在版编目(CIP)数据

旅客联程运输理论、政策与实践 / 龚露阳等著. ——北京：人民交通出版社股份有限公司，2022.6
ISBN 978-7-114-17855-9

Ⅰ.①旅… Ⅱ.①龚… Ⅲ.①旅客运输—联合运输—公路运输发展—研究—中国 Ⅳ.①F542.3

中国版本图书馆 CIP 数据核字(2022)第 023357 号

Lüke Liancheng Yunshu Lilun、Zhengce yu Shijian
书　　名：旅客联程运输理论、政策与实践
著 作 者：龚露阳　陈　硕　闫　超　汪　健　刘　新
责任编辑：牛家鸣
责任校对：孙国靖　卢　弦
责任印制：刘高彤
出版发行：人民交通出版社股份有限公司
地　　址：(100011)北京市朝阳区安定门外外馆斜街 3 号
网　　址：http://www.ccpcl.com.cn
销售电话：(010)59757973
总 经 销：人民交通出版社股份有限公司发行部
经　　销：各地新华书店
印　　刷：北京建宏印刷有限公司
开　　本：787×1092　1/16
印　　张：10.75
字　　数：203 千
版　　次：2022 年 6 月　第 1 版
印　　次：2022 年 6 月　第 1 次印刷
书　　号：ISBN 978-7-114-17855-9
定　　价：80.00 元

(有印刷、装订质量问题的图书由本公司负责调换)

交通运输科技丛书

编审委员会
（委员排名不分先后）

顾　　问：	王志清　汪　洋　姜明宝　李天碧
主　　任：	庞　松
副 主 任：	洪晓枫　林　强
委　　员：	石宝林　张劲泉　赵之忠　关昌余　张华庆
	郑健龙　沙爱民　唐伯明　孙玉清　费维军
	王　炜　孙立军　蒋树屏　韩　敏　张喜刚
	吴　澎　刘怀汉　汪双杰　廖朝华　金　凌
	李爱民　曹　迪　田俊峰　苏权科　严云福

《旅客联程运输理论、政策与实践》

编写组

主　　编：龚露阳

副主编：陈　硕　闫　超　汪　健　刘　新

成　　员：李忠奎　姜彩良　李华强　冯立光

　　　　　刘　颖　梁仁鸿　蔡　赫　王显光

　　　　　贾　皓　姜景玲　王　巍

GENERAL ORDER | 总　　序

　　科技是国家强盛之基,创新是民族进步之魂。中华民族正处在全面建成小康社会的决胜阶段,比以往任何时候都更加需要强大的科技创新力量。党的十八大以来,以习近平同志为核心的党中央做出了实施创新驱动发展战略的重大部署。党的十八届五中全会提出必须牢固树立并切实贯彻创新、协调、绿色、开放、共享的发展理念,进一步发挥科技创新在全面创新中的引领作用。在最近召开的全国科技创新大会上,习近平总书记指出要在我国发展新的历史起点上,把科技创新摆在更加重要的位置,吹响了建设世界科技强国的号角。大会强调,实现"两个一百年"奋斗目标,实现中华民族伟大复兴的中国梦,必须坚持走中国特色自主创新道路,面向世界科技前沿、面向经济主战场、面向国家重大需求。这是党中央综合分析国内外大势、立足我国发展全局提出的重大战略目标和战略部署,为加快推进我国科技创新指明了战略方向。

　　科技创新为我国交通运输事业发展提供了不竭的动力。交通运输部党组坚决贯彻落实中央战略部署,将科技创新摆在交通运输现代化建设全局的突出位置,坚持面向需求、面向世界、面向未来,把智慧交通建设作为主战场,深入实施创新驱动发展战略,以科技创新引领交通运输的全面创新。通过全行业广大科研工作者长期不懈的努力,交通运输科技创新取得了重大进展与突出成效,在黄金水道能力提升、跨海集群工程建设、沥青路面新材料、智能化水面溢油处置、饱和潜水成套技术等方面取得了一系列具有国际领先水平的重大成果,培养了一批高素质的科技创新人才,支撑了行业持续快速发展。同时,通过科技示范工程、科技成果推广计划、专项行动计划、科技成果推广目录等,推广应用了千余项科研成果,有力促进了科研向现实生产力转化。组织出版"交通运输建设科技丛书",是推进科技成果公开、加强科技成果推广应用的一项重要举措。"十二五"期间,该丛书共出版72册,全部列入"十二五"国家重点图书出版规划项目,其中12册获得国家出版基金支持,6册获中华优秀出版物奖图书提名奖,行业影响力和社会知名度不断扩大,逐渐成为交通运输高端学术交流和科技成果公开的重要平台。

"十三五"时期,交通运输改革发展任务更加艰巨繁重,政策制定、基础设施建设、运输管理等领域更加迫切需要科技创新提供有力支撑。为适应形势变化的需要,在以往工作的基础上,我们将组织出版"交通运输科技丛书",其覆盖内容由建设技术扩展到交通运输科学技术各领域,汇集交通运输行业高水平的学术专著,及时集中展示交通运输重大科技成果,将对提升交通运输决策管理水平、促进高层次学术交流、技术传播和专业人才培养发挥积极作用。

当前,全党全国各族人民正在为全面建成小康社会、实现中华民族伟大复兴的中国梦而团结奋斗。交通运输肩负着经济社会发展先行官的政治使命和重大任务,并力争在第二个百年目标实现之前建成世界交通强国,我们迫切需要以科技创新推动转型升级。创新的事业呼唤创新的人才。希望广大科技工作者牢牢抓住科技创新的重要历史机遇,紧密结合交通运输发展的中心任务,锐意进取、锐意创新,以科技创新的丰硕成果为建设综合交通、智慧交通、绿色交通、平安交通贡献新的更大的力量!

2016年6月24日

PREFACE | 前　　言

　　旅客联程运输是指通过两种或两种以上的交通方式完成的旅客连续运输，即在一次单程旅程中为旅客提供由至少两种运输方式构成的全程服务、无缝衔接的旅程。旅客联程运输可充分发挥各种运输方式的比较优势、提高综合运输组合效率，改善旅客出行体验，对于推进交通运输供给侧结构性改革，促进现代综合交通运输体系发展，建设人民满意交通具有重要意义。近年来，我国旅客联程运输快速发展，空铁联运、公航联运、公铁联运等联运模式蓬勃发展，联运客票、安检互认、行李直挂等联运服务不断创新，旅客联程运输政策、标准、规划也逐步完善，旅客联程运输呈现加快发展局面。《交通强国建设纲要》明确提出要"打造旅客联程运输系统"。研究旅客联程运输基础理论、政策机制和技术方法、对于推进旅客联程运输可持续发展、建设现代综合交通运输体系、支撑交通强国建设都具有重要意义。

　　本书结合对交通运输行业开展的大调研，重点从旅客联程运输基础理论、发展现状及问题、发展模式、发展评价、时空特征分析方法、国外现状及案例、发展战略及推进路径七个方面分析了我国旅客联程运输发展的情况，研究提出了我国旅客联程运输发展战略及推进措施，希望为交通运输管理部门以及相关企业提供有益的参考和借鉴。

本书得到了交通运输部运输服务司、中国民用航空局运输司、国家铁路集团公司客运部的指导和支持,得到了相关省份交通运输主管部门,铁路、民航、道路运输以及相关互联网企业提供的宝贵资料,得益于交通运输战略规划政策项目《旅客联程运输发展战略及推进路径研究》《疫情防控常态化下综合运输客流大数据分析与创新应用研究》,国家重点研发计划项目《京津冀城市群多模式客运枢纽一体化运行关键技术》(2018YFB16011300)的大力支持,在此表示衷心感谢。

由于编写时间短促、编者水平能力有限,未尽之处颇多,诚望业内专家、广大读者批评指正。

作　者

2021 年 1 月

CONTENTS | 目　　录

第一章　旅客联程运输概述

一、旅客联程运输的概念 …………………………………………… 002

二、旅客联程运输的内涵特征 ……………………………………… 008

三、旅客联程运输构成 ……………………………………………… 009

四、发展旅客联程运输的意义 ……………………………………… 011

五、旅客联程运输在综合运输体系中的地位和作用 ……………… 013

六、推进旅客联程运输部门责任 …………………………………… 013

七、旅客联程运输发展条件 ………………………………………… 015

八、旅客联程运输发展阶段划分 …………………………………… 017

九、旅客联程运输发展历史沿革和大事记 ………………………… 020

十、本章小结 ………………………………………………………… 022

第二章　我国旅客联程运输发展现状及问题

一、旅客联程运输发展基础 ………………………………………… 024

二、旅客联程运输发展现状 ………………………………………… 028

三、旅客联程运输存在问题 ………………………………………… 054

四、我国旅客联程运输发展总体评价 ……………………………… 059

五、本章小结 ………………………………………………………… 060

第三章　我国旅客联程运输发展模式

一、空铁联运 …………………………………………… 064
二、公航联运 …………………………………………… 070
三、公铁联运 …………………………………………… 077
四、海空联运 …………………………………………… 080
五、第三方服务主体联运模式 ………………………… 082
六、本章小结 …………………………………………… 086

第四章　旅客联程运输发展评价

一、评价思路 …………………………………………… 088
二、指标体系构建 ……………………………………… 089
三、评价分级 …………………………………………… 101
四、评价组织和实施 …………………………………… 101
五、实例分析 …………………………………………… 103
六、本章小结 …………………………………………… 109

第五章　国外旅客联程运输发展现状及经验借鉴

一、国外旅客联程运输发展现状 ……………………… 112
二、对我国旅客联程运输发展的启示 ………………… 117
三、本章小结 …………………………………………… 119

第六章　旅客联程出行时空特征分析

一、现有方法概述 ……………………………………… 122
二、信令数据介绍 ……………………………………… 123
三、基本原理和思路 …………………………………… 125
四、数据分析过程 ……………………………………… 126
五、旅客联程出行时空特征实例分析 ………………… 131
六、本章小结 …………………………………………… 136

第七章　旅客联程运输发展战略及推进路径

- 一、发展趋势 …………………………………… 138
- 二、总体思路 …………………………………… 140
- 三、战略任务 …………………………………… 142
- 四、近期重点工作 ……………………………… 150
- 五、推进路径 …………………………………… 152
- 六、本章小结 …………………………………… 154

参考文献

CHAPTER ONE 第一章

旅客联程运输概述

一、旅客联程运输的概念

（一）旅客联程运输相关概念

旅客联程运输有多式联运、接驳运输、中转联程等很多相关概念，为避免混淆概念，对相关概念进行梳理。

1. 多式联运

在2016年12月发布的交通运输行业标准《货物多式联运术语》（JT/T 1092—2016）中，从货物运输角度，对多式联运、联合运输和组合运输进行了准确界定：

多式联运（Intermodal Transport）是指货物由一种且不变的运载单元装载，相继以两种及以上运输方式运输，并且在转换运输方式的过程中不对货物本身进行操作的运输形式。

联合运输（Multimodal Transport）是指从接受委托至到达交付，组织使用两种及以上的运输方式完成的货物运输形式。

组合运输（Combined Transport）是指干线运输主要采用铁路、水运运输方式，且最先和最后的接驳运输采用短距离公路运输的运输形式。

从货运角度而言，不论是否使用集装箱等联运箱具，只要运用了多种运输方式就可以称之为联合运输（Multimodal Transport）。多式联运（Intermodal Transport）是指运用运载单元进行的多种运输方式的联运，联合运输可以将多式联运包含在内，而组合运输（Combined Transport）是属于多式联运（Intermodal Transport）的一种，强调的是多式联运过程中公路衔接问题。

多式联运、联合运输、组合运输基本都是针对货物运输的。1986年4月，国家经济委员会、国家计划委员会、财政部、铁道部、交通部颁发的《关于发展联合运输若干问题的暂行规定》中的表述是："联合运输是综合性的运输组织工作，包括两种以上运输工具或两程以上运输的衔接，以及产供销的运输协作"。王庆功认为，联合运输是指两种或两种以上的运输方式或同一运输方式的两个及两个以上的运输企业，遵照统一的规章或协议，使用同一运送凭证或通过相互代办中转业务，联合完成某项运输任务，简称联运。这一部分学者的学术观点为联运是联合运输的简称，联合运输既包含不同运输方式的运输，又包含同一运输方式中不同企业的运输，即联运包括多式联运。

2. 接驳运输

1）基本概念

接驳运输和节点运输，是指道路客运企业和线路间的接续接驳运输。交通运输部从2012年开始开展道路客运接驳运输试点，在《交通运输部关于开展长途客运接驳运输试点工作的通知》（交运发〔2012〕784号）中对接驳运输的概念有如下定义：长途客运接驳运输指通过在客车运行途中选择合适的地点，实施换车换人或驾驶员停车换人、落地休息，由在接驳点休息等待的驾驶员上车驾驶，继续执行客运任务的运输组织方式。

2017年交通运输部出台的《道路客运接驳运输管理办法（试行）》中明确提出了道路客运接驳运输的概念，即道路客运接驳运输分为换驾式接驳运输和分段式接驳运输。

换驾式接驳运输，是指客运班线一趟次的运输任务全程由一辆客运班车完成，客运班车运行到指定的接驳点后，当班驾驶员落地休息，与在接驳点休息等待的待班驾驶员履行接驳手续，由待班驾驶员继续执行驾驶任务的运输组织方式。

分段式接驳运输，是指客运班线一趟次的运输任务全程由两辆及以上客运班车接驳完成，每辆客运班车只负责运输全程中部分固定路段的运输，前一辆客运班车运行到指定的接驳点，将旅客及行李、行李舱载运货物转入后一辆客运班车，再由后一辆客运班车继续执行运输任务的运输组织方式。

道路客运节点运输是指依托道路班车客运，在一定的时间及不同的运输区段，发挥道路客运站场的纽带、贯通和衔接作用，实现一次收费、一票到底、全程负责的点到点的运输组织方式。

2）接驳运输优缺点

（1）分段式接驳运输

优点：将长途线路分割成若干中、短途线路，双方驾驶员对各自路况熟悉，尤其适合线路运距长、跨度大的班线，如由平原道路进入山区道路的情形；驾驶员回到所在地的周期短，在所在地的时间长，有助于驾驶员良好休息。

缺点：该种接驳模式要求班线对营双方的车辆等级、车型、座位基本一致，否则将因为票价、舒适度等问题引起旅客投诉；精准衔接难度大、要求高，该种接驳模式要求双方班车到达接驳点的时间基本一致，一旦遇到恶劣天气、道路堵塞情况时难以保证接驳的准确顺畅；旅客换乘和行李倒装多有不便，出现漏乘错乘或行李差错的概率高；费用结算相对复杂。

适宜情形：对营双方均为公司化经营班线；双方的车辆等级、车型、座位基本一致；班线里程在1000公里左右,班线只进行一次分割,全程由两家公司接力;从两地到达接驳点的运距基本相同,便于双方运费结算。

(2)换驾式接驳运输

优点:无须旅客途中换乘其他车辆,减少可能出现的投诉;不受气候、路况制约,驾驶员可根据实际路况运行,无须为准时到达接驳点产生急躁心理而影响行车安全;对营双方车辆无须一致;旅客和行李不必换乘倒装,服务有保障且差错纠纷少。

缺点:驾驶员须全程运行,对整个路况的熟悉度、熟练度较差,尤其是平原地区的驾驶员进入山区道路;驾驶员回到所在地的周期长,在所在地的时间短,在外休息质量较差,容易产生抵触情绪。

适宜情形:双方车辆等级、车型、座位不一致且不容易调配;双方经营模式不一致(如一方为公司化经营,另一方为承包经营)或均不是公司化经营。

3. 中转联程

1)航空中转联程

(1)概念

航空中转联程,是指航空公司将航班资源进行有效的组合,形成航线网络,将旅客从始发地经一个或多个中转地运送至目的地,同时可以最大限度地发挥航空运输方便、快捷的优势,给旅客提供更多的便捷和实惠。

中转联程票,是指始发地到目的地之间经一个或几个机场中转,含有两个(及以上)乘机联、使用两个(及以上)不同航班号的航班抵达目的地的机票。如从呼和浩特到三亚,经北京中转,购买的从呼和浩特到北京、北京再到三亚的机票就是联程机票。

(2)特点

价格低,优惠多;线路多,各种线路自由组合;一票到底;客票已部分使用(即来回程使用了去程时或单程已使用了第一段),后段不能退票;中转时限一般在45分钟到72小时之间,有一些中转联程的中转时间会更长一些,这样,可以在中转城市自由旅游或办一些其他的事情,花一张票的钱可以去两个城市,并且一票到底。

2)铁路中转联程

《铁路旅客运输规程》中明确规定,在有运输能力的情况下,旅客可以购买带有席位号的联程票,持联程票的旅客可以经中转联程通道,直接从站台进入候车室,不用经过出站再进站。

凡两个或两个以上国家铁路间按国际联运票据办理的旅客、行李和包裹的运送,被称作国际铁路旅客联运。

4. 出行即服务

出行即服务英文简称 MaaS(Mobility-as-a-Service),最早出现在 2014 年于芬兰赫尔辛基召开的欧盟智能交通系统大会上,在 2015 年世界智能交通系统大会(法国波尔多)上开始逐渐成为全球智能交通领域的热门议题。

MaaS 目前还缺乏明确和统一的定义,一般可以认为出行服务商在深刻理解公众的出行需求,通过将各种交通模式全部整合在统一的服务体系与平台中,从而充分利用大数据决策,调配最优资源,满足出行需求的大交通生态,并以统一的系统和应用来对外提供服务。

基于目前 MaaS 主流看法和发展情况来看,MaaS 主要有以下几个特点:

(1)是一种商业模式。

目前国内滴滴出行等互联网企业,通过建立集合多种出行服务模式的平台,为出行者提供多种运输方式出行服务,更多地从出行者角度出发,强调是前端,是一种商业模式,不是一种运输组织模式。

(2)以城市出行为主。

从目前国内外 MaaS 的发展情况来看,MaaS 主要应用于城市内出行领域,如滴滴出行、整合出租汽车、网约车、汽车租赁、共享单车、代驾等出行方式,在城市内实现"一站式"出行。

(3)强调出行信息平台(App)。

目前主要应用场景是互联网企业,通过建设出行信息平台(App)为出行者提供服务。

(4)强调是一种服务。

MaaS 运营企业一方面提供出行服务,但不局限于出行服务也会提供出行服务以外的商业、餐饮、旅游、加油、汽车等相关服务。

(二)国外旅客联程运输概念

1. 欧盟

1992 年欧盟发布了第一部交通运输政策白皮书《通用运输政策的未来发展白皮书》(The Future Development of the Common Transport Policy: A Global Approach to the Construction of a Community Framework for Sustainable Mobility),在该白皮书中,欧盟确定未来的交通政策目标为可持续机动性。针对客运,该白皮书提出了两大关键政策目标:构建环欧交通网络和居民出行网络。而实现这两大网络构建的一个重要的要素就是多式联运,通过两种及以上的交通工具或交通方式完成的旅行。基于此,欧盟从1995年以来分阶段对该概念进行不断优化定义。

1995年,欧盟启动了多式联运项目(Task Force Transport Intermodality),旨在面向未来的多式联运发展,开展政策、商业、技术的前瞻性研究工作。该项目首次系统性地给出了多式联运的概念(Transport Intermodality):面向顾客提供集成和协调不同运输方式的"门到门"服务的交通系统。同时,在货物多式联运和旅客多式联运领域提出了一系列的项目建议,如针对旅客多式联运的 EU SPIRIT 和 SWITCH 项目。

1996年,欧盟启动了交通运输组织策略与规则(Strategic Organisation and Regulation in Transport,SORT-IT)项目,在这一项目中也提出了多式联运的概念:单个旅客或货物单元从起点到目的地的运输路线由至少涉及两种不同运输方式(旅客的步行方式除外)的联合运输链组成。

2001年,欧盟发布了第二部指导欧盟交通运输发展的政策白皮书《面向2010年的欧盟交通运输政策:时不我待》(European Transport Policy for 2010:Time to Decide),该白皮书确立了多式联运发展的优先地位,提出要发挥各种运输方式各自优势的发展战略。在货物多式联运方面,提出了马可波罗计划等项目,而面向旅客联程运输,提出了集成票务、行李处理、无缝行程等众多政策建议。

2004年,面向欧盟的旅客联程运输项目启动,正式提出了旅客联程运输的概念:旅客联程运输是一种政策和规划原则,旨在通过联合出行链中的不同运输方式为旅客提供一次无缝出行体验。

2007年,欧洲旅客联程运输知识(A Knowledge Base for Intermodal Travel in Europe,KITE)项目提出了旅客联程运输的概念:一种政策和规划原则,旨在通过不同运输方式的协调融合以此来实现无缝旅行。

由此可见,欧洲旅客联程运输概念的提出并不是一步到位、一次成型的,而是经历了长时间的演变与推敲过程。欧洲对旅客联程运输概念,一方面强调不同的运输方式,另一方面更为强调无缝衔接,在其相关报告中指出,无缝衔接的内涵包括设施衔接、票务衔接、行李直挂、全程服务等特征。

2. 美国

1991年,美国颁布了第一部联邦运输法律《陆路联合运输效率法案》(Intermodal Surface Transportation Efficiency Act of 1991,简称 ISTEA,俗称"冰茶"法案),标志着美国从单一运输模式向多式联运方式观念的转变。美国多式联运系统的发展成就基本体现在货运方面,这在很大程度上是由于私营运输服务提供商的积极举措。相应的,美国客运方面的多式联运发展进程相对滞后,特别是与欧洲的客运系统相比较而言。这一巨大差异主要是由美国客运系统的发展不平衡,小汽车比例过高所导致的,同时联运顶层规划的缺失也限制了综合客运系统的发展。

美国关于多式联运比较有代表性的定义主要有以下两个。

(1)1994年第十版韦氏词典中给出的定义:在一次旅程中通过一种以上的运输工具完成的运输过程,强调一种以上的运输工具完成的运输过程。

(2)穆勒格哈德在1999年的专著《货物多式联运》(Intermodal Freight Transportation)中提出的:通过两个及以上不同运输方式运送旅客,运输过程中的所有环节(包括信息交换)都高效协同连接,强调两种以上的运输方式衔接以及高效的联通和协调。关于旅客联程运输的概念,在美国更多地采用Intermodal Passenger Transport的提法,而多数概念都是从这两个多式联运概念中衍生而来的。

(三)我国旅客联程运输概念

2017年4月,交通运输部发布实施了《旅客联运术语》(JT/T 1109—2017)标准,关于旅客联程运输给出了以下定义:旅客联程运输是通过两种或两种以上对外运输方式完成的旅客连续运输。该定义强调的是两个关键点:一个强调两种或两种以上的运输方式;二是强调对外运输,不包括城市内部交通运输,只包括铁路、公路、水路、民航四种方式中的两种及两种以上运输方式。同时,标准还明确了旅客联运地发展目标:由单一联运承运人或代理人为旅客提供及其行李全程负责,旅客全程使用一本票证。

2017年12月,交通运输部联合七部门出台了《关于加快推进旅客联程运输发展的指导意见》(交运发〔2017〕215号),其中提到的旅客联程运输概念是:通过对旅客不同运输方式的行程进行统筹规划和一体化运输组织,实现旅客便捷高效出行的运输组织模式。

结合国内外相关研究和定义,本书认为,旅客联程运输的定义为:通过两种或两种以上的交通方式完成的旅客连续运输,即在一次单程旅程中为旅客提供由至少两种运输方式构成的全程、无缝衔接的运输服务。发展目标是由单一旅客联程运输承运人或代理人为旅客及其行李全程负责,旅客全程使用一本票证。

二、旅客联程运输的内涵特征

（一）旅客联程运输的内涵

1. 包含两种以上运输方式

旅客联程运输要求一次出行链中包含两种及两种以上交通运输方式，单方式多段不属于旅客联程运输范畴，如传统民航运输中的中转联程，道路客运的接驳运输以及铁路运输中的中转联程、城市公共交通和地铁的换乘不属于旅客联程运输的范围。

2. 以对外运输方式主导

旅客联程运输专指对外运输方式的旅客运输的联运，联运形式包括铁路、公路、水路、民航等几种对外交通运输方式间的联运，也包括上述对外运输方式与城市客运方式间的联运（如城市轨道交通＋飞机＋高铁），单纯的城市内部客运之间的组合不是旅客联程运输，如地铁、城市公共交通、出租、轮渡甚至自行车和私人小汽车之间的换乘不属于旅客联程运输。

3. 提供联运服务

相对于分段组合运输，旅客联程运输应当提供一种或多种跨方式联运服务（出行前、出行中、出行后的信息查询、出行方案制订、客票购买、行李运输、退改签、信息服务、行程引导、安检通关、中转换乘等服务）。旅客自行跨运输方式出行，未享受联运服务不是旅客联程运输。

4. 运输服务是核心

旅客联程运输是一种运输组织模式，商业、餐饮、汽车维修、停车等与运输不相关的业务，不属于旅客联程运输。

（二）旅客联程运输的典型特征

旅客联程运输的典型特征为一站式购票、一票式出行、行李直挂。

一站式购票，指旅客可通过某一购票平台（网络、电话、服务窗口等）实现跨运输方式购票。

一票式出行，指为旅客提供一种用于多运输方式购票、检票、乘坐交通工具、安检通关的出行凭证（如二维码、身份证或其他类型票证）。

行李直挂，指联运旅客在始发地办理托运、由旅客联程运输承运人或代理人负责承运并由旅客在目的地提取行李联运服务，旅客在进行不同运输方式换乘时，不需重复办理行李提取和托运手续。

旅客联程运输的典型特征是旅客联程运输发展较为理想的状态，不是一蹴而就的，在发展实践中，旅客联程运输可能具有部分的特征，这些都可以认作是旅客联程运输发展的阶段性特征。如现阶段还不能实现一票式出行，但在一些旅客联程运输实践中，可以实现一次购票，也属于旅客联程运输。

三、旅客联程运输系统构成

《交通强国建设纲要》明确提出要打造旅客联程运输系统。总体来看，旅客联程运输系统由联运设施、联运服务、联运行李、联运客票、联运旅客、联运承运人、联运代理人、联运信息系统、联运环境等要素构成。

（一）联运旅客

联运旅客，指通过两种或两种运输方式进行连续旅行的旅客。

（二）联运承运人

联运承运人，指根据运输合同，完成旅客及其行李联运过程，并对其全程负责的运输企业。联运承运人一般为铁路、公路、水路、民航等行业的运输企业，联运承运人可以与其他联运承运人合作开展旅客联程运输业务，也可以与联运代理人合作开展旅客联程运输业务。

（三）联运代理人

联运代理人，指由联运承运人授权代办联运旅客客源组织、联运客票发售、联运客票检查、联运发车、联运运费结算等业务自然人或代理机构。从目前旅客联程运输开展情况来看，联运代理人一般为互联网企业或票务代理。

（四）联运设施

联运设施，指为联运旅客提供始发终到和中转换乘服务、客票服务、信息服务、行李运输等联运服务的场所。联运设施是旅客联程运输发展和实施的先决条件。联运设施主要包括联运枢纽和联运站点。

联运枢纽，指为旅客提供中转联程服务的枢纽，包括综合客运枢纽及其换乘设施设备，以及依托综合客运枢纽的信息系统等。联运枢纽一般为大型机场枢纽或高铁枢纽。

联运站点，指为旅客提供始发或终到联运服务的末端站点，包括行李托运及提取、联运客票办理等联运服务，联运站点一般为汽车客运站、城市候机楼、轨道交通站点、高铁无轨站等。

（五）联运客票

联运客票分为联运纸质客票和电子客票。

联运纸质票，指由旅客联运承运人或代理填开的列明两个或两个以上班次/车次的一本票证，或两本及两本以上票号相连的票证。

联运电子客票，指联运纸质客票的电子映像，可替代纸质客票作为旅客享受联运服务的凭证。

（六）联运行李

联运行李，指联运旅客在始发地办理托运、由旅客联运承运人或代理人负责承运并由旅客在目的地提取的行李。旅客在进行不同运输方式换乘时无须重复办理行李提取和托运手续。行李联运业务是指受理、承运到交付全过程的经营管理和服务工作。

（七）联运服务

联运服务，指联运承运人或代理人为联运旅客提供的出行前、出行中、出行后的信息查询，出行方案制订，客票购买，行李运输，退改签，信息服务，行程引导，安检通关，中转换乘等运输相关服务。联运服务是一种运输服务，与运输不相关的商业、餐饮、汽车维修、停车等业务，不属于旅客联程运输服务。

（八）运营组织

运营组织，指联运承运人或代理人为联运旅客提供联运方案、销售客票至旅客到达目的地联运全过程，为旅客及行李所进行的经营管理和服务工作。

（九）信息系统

从服务对象来分，联运信息系统包括联运管理信息系统和联运服务信息系统。

从要素来分，联运信息系统包括综合客运枢纽信息系统、综合交通电子客票信息系统、综合交通电子客票清分结算信息系统、联运协同运营调度信息系统、行李运输信息系统等。

从运营主体来分，联运信息系统包括政府为主建设的决策支持和管理信息系统及企业建设的运营管理以及服务信息系统。

（十）发展环境

发展环境，指保障和规范旅客联程运输发展的法律法规、政策规划、技术标准、体制机制等。

四、发展旅客联程运输的意义

1. 是提升客运服务品质，满足公众便捷出行需求的需要

衣食住行是人民群众的基本生活需要，"行"与人民群众工作生活息息相关。在全面建成小康社会的总目标下，随着我国经济发展规模的日益增长，人民生活水平不断提高，消费结构逐步升级，人民群众对"行"的要求也在不断提升。人们的出行需求已由"走得了"向"走得好"转变，社会公众的需求正在从"解决温饱"向"小康水平"需求转变。

当前，旅客的出行越来越依赖多种运输方式组合完成，"最先最后一公里"的不顺畅将会大大降低旅客在民航、高铁等干线上快速通行的优势，不同运输方式换乘衔接的不顺畅将会极大降低旅客的出行体验感，不同运输方式间信息不共享将会使旅客陷入信息的汪洋大海而无法快速准确找到有效信息。社会公众对多种运输方式组合的购票方便性、衔接的顺畅性、行李的方便性、信息的完整性提出了更高的要求。推进旅客联程运输工作，站在服务旅客全程出行的角度考虑问题，为旅客在出行信息服务、购票、换乘、行李托运等环节为旅客提供一体化的服务，提高旅客的整体出行效率，畅通最先一公里、打通最后一公里，让旅客出行更方便、更快速、更顺畅，是交通运输行业践行以人民为中心发展思想的要求。

2. 是交通运输发展新阶段，支撑交通强国建设的必然选择

经过多年的建设，我国交通运输已经由各种运输方式独立发展，基础设施总量快速增长，运力投放大规模增加，进入了各种运输方式融合交汇、统筹发展、建设现代综合交通运输体系的新阶段。在新的历史阶段，不同区域、不同层次、不同方式的运输网络合理布局，各种交通运输资源合理配置，各种运输方式技术经济优势和交通网络整体效能充分发挥。《交通强国建设纲要》中明确提出推动交通发展由追求速度规模向更加注重质量效益转变，由各种交通方式相对独立发展向更加注重一体化融合发展转变，由依靠传统要素驱动向更加注重创新驱动转变，构建安全、便捷、高效、绿色、经济的现代化综合交通体系，打造一流设施、一流技术、一流管理、一流服务，建成人民满意、保障有力、世界前列的交通强国。交通强国建设必然要求各种运输方式合理分工和有机衔接，充分发挥综合交通运输体系的组合优势和整体效率。旅客联程运输将不同运输方式的信息、服务、设施有机衔接起来，优化了运输结构，加强了运输方式间的衔接，发挥不同运输方式的比较优势，是交通运输发展新阶段和现代综合交通运输体系建设的必然选择。

3. 是创新供给模式，加快交通运输供给侧结构性改革的需要

近 30 年来，我国客运总量不断增长，2018 年与 1985 年相比，我国客运量和旅客周转量分别增长了 2.89 倍和 8.05 倍，客运总量高居世界首位。随着我国经济社会发展进入新常态，客运领域也正在发生重大变化。从客运总量上看，从 2012 年起，客运总量从高速增长向中高速增长转变，目前处于下降阶段。从客运结构上看，铁路占比为 13% 左右，但从 2007 达到低谷后迅速增长，但是比例仍然较低；公路客运达到 83% 左右，在 2003 年达到峰值后缓慢下降，公路客运的比例过高；民航占比较少，为 2.2% 左右，但是增长速度较快。从旅客运输的供给侧上看，规模有余、服务品质不高、衔接不畅、结构不优的问题仍较突出，造成了供需不匹配、不协调和不平衡的发展现状。因此迫切需要把旅客联程运输作为重要的着力点，加快推进空铁联运、公航联运等联运模式的发展，不断优化与提升一站式购票、一站式信息等旅客联程运输全链条式服务，不断扩大客运服务有效供给，提高供给结构的适应性和效率，提升出行全链条供给水平，进而带动旅客运输及相关产业发展。

4. 是促进交通与互联网深度融合，培育交通发展新动能的需要

"互联网 +"是把互联网的创新成果与经济社会各领域深度融合，推动技术进步、效率提升和组织变革，提升实体经济创新力和生产力，形成更广泛的以互联网为基础设施和创新要素的经济社会发展新形态。预计到 2030 年，移动网络将承载超过一半互联网流量，移动互联网将得到全面普及，客运行业信息资源丰富、公众需求多元、市场潜力巨大，与移动互联网技术融合创新发展的前景广阔。近年来，我国互联网技术、产业与交通融合方面取得积极进展，携程等网络平台，整合了铁路、民航、公路等运输方式票务资源，为旅客提供一体化的购票服务，但从总体来看，交通与互联网融合的深度还不够，在市场应用、基础条件、技术支撑、政策环境等方面仍然存在许多制约，难以满足培育发展新动能的需要。因此要推动旅客联程运输发展，推进移动互联网、大数据、云计算等技术在客运领域的广泛应用，加快推进不同运输方式间的信息互联互通与信息共享，以新技术、新模式推动传统客运行业改造升级，推进客运资源共享、客运组织协同、客运服务衔接，培育交通发展新动能。

五、旅客联程运输在综合运输体系中的地位和作用

随着旅客联程运输的发展，其在综合运输中地位与作用也在大幅度提高。旅客联程运输在综合运输体系中扮演着越来越重要的角色。旅客联程运输的发展离不开综合交通基础设施、综合信息化等综合运输体系要素的发展，同样，综合运输体系的发展也不能离开旅客联程运输的发展。旅客联程运输在综合运输体系的地位和作用可以概括为：旅客联程运输是综合运输体系的重要组成部分，尤其在综合运输服务中显得尤为重要。旅客联程运输还是综合运输体系建设中与人民群众关系最密切、公众最关心、发展成果最容易显现的内容，发展旅客联程运输是综合运输体系建设最直接的成果。旅客联程运输的发展阶段和发展的进程，很大程度上决定了综合运输体系建设的进程。

六、推进旅客联程运输部门责任

旅客联程运输发展涉及铁路、公路、水运、民航 4 种运输方式和城市客运，涉及政策、规划、土地、财政、旅游等多项关键因素，需要凝聚中央、地方、企业合力，交通运输与发改、财政、旅客、铁路、民航、邮政、旅游等多部门紧密配合，共同把旅客联程运输推向前进。在对各部门"三定"职责进行分析的基础上，依据中央与地方财政事权与支出责任划分理论，结合我国旅客联程运输发展实际，对旅客联程运输涉及主体的职责分工进行

梳理。

（一）管理部门

1. 交通运输部门

交通运输部门在推进旅客联程运输过程中起牵头和主导的作用。交通运输部门的主要职责是推动成立推进旅客联程运输领导机构，并承担领导机构的日常管理工作；负责与财政、发改、自然资源、住建、铁路、民航、邮政等部门共同拟定旅客联程运输发展扶持政策，做好政策的实施和考核。

2. 发改部门

发改部门负责推进综合客运枢纽统一规划、统一建设，建设一体化综合客运枢纽；推动铁路、道路客运价格改革和监管。

3. 财政部门

财政部门负责拟定旅客联程运输发展资金扶持政策，负责投融资政策，吸引社会资金投入旅客联程运输发展。

4. 文化旅游部门

文化旅游部门负责推进旅游、交通运输信息和资源的共享。

5. 铁路部门

铁路部门负责推进铁路行业旅客联程运输发展，优化铁路法规制度，为旅客联程运输发展创造条件。

6. 民航部门

民航部门负责推进民航行业旅客联程运输，优化民航法规制度，为公路航空、航空铁路旅客联程运输发展创造条件。

7. 邮政部门

邮政部门负责扶持、指导和规范相关企业开展行李直挂运输服务，推进旅客行李在不同运输方式间的有效衔接。

（二）地方人民政府

旅客联程运输涉及设施、运营、装备、信息系统等多个领域，地方人民政府负责落实旅客联程运输的发展政策，出台旅客联程运输发展扶持政策，协调铁路、民航部门建立旅客联程运输工作机制，编制地方联运发展实施方案或规划。

（三）企业职责

1. 铁路运输企业

铁路运输企业负责推进空铁联运、公铁联运，开放运营信息和票务数据接口，完善铁路火车站规划建设流程，促进一体化综合客运枢纽建设，完善铁路旅客退改签制度，为旅客联程运输发展奠定基础。

2. 民航运输及机场企业

民航运输及机场企业负责推进空铁联运和公航联运，推进城市候机楼建设，改善候机楼服务。

3. 道路客运企业

民航运输及机场企业负责加强与铁路、民航企业合作，做好机场、火车站的道路客运衔接。

4. 互联网售票企业

互联网售票企业负责开发空铁联运、公航联运等旅客联程运输产品，加强与铁路、公路、民航等运输企业合作，共同推进旅客联程运输发展，同时不断整合各种资源，建立一站式、一票制出行准确。

七、旅客联程运输发展条件

（一）政策条件

良好的政策环境支持是旅客联程运输发展的重要条件，旅客联程运输发展受体制机制、法律法规、政策环境等相关因素影响，如传统各种运输方式独立发展的体制机制制约了旅客联程运输发展，在交通运输大部门制改革以前，旅客联程运输发展较为缓慢，协作机制很难建立。另外,受不同运输方式票制票价、退改签、安检标准等管理政策的不同,旅客联程运输一票制、行李直挂、一次安检等便捷的服务很难实现。因此,要发展旅客联程运输,必须要创造良好的政策环境。

当前,我国旅客联程运输发展政策环境正在逐渐改善。一方面,交通运输大部门制国家邮政局、管理体制已经建立,虽然运行过程中还存在一些问题,但总体上,体制机制支持旅客联程运输发展;另外,在国家层面,出台的《交通强国建设纲要》《综合运输服务"十四五"发展规划》一系列规划中明确了要发展旅客联程运输,2017年12月,交通运输部、国家发展改革委、国家旅游局(现文化和旅游部)、国家铁路局、中国民用航空局、国家邮政局、中国铁路总公司(现中国国家铁路集团有限公司)联合出台了《关于加快推进旅客联程运输发展的指导意见》,为我国旅客联程运输发展创造了良好的政策环境。同时,制约我国旅客联程运输发展的一些政策环境仍然需要改善,如缺乏相应的资金、税收、金融等方面的支持政策,相关的法规、标准还不完善等,需要进一步推动相关政策环境的改善。

(二)设施条件

交通基础设施是旅客联程运输发展的必要条件,从国外旅客联程运输发展经验和我国推进旅客联程运输较好的地区经验来看,旅客联程运输基本都是依托综合客运枢纽和大型交通运输枢纽开展,通过枢纽来实现旅客的中转集散,如德国的空铁联运主要依托法兰克福机场和德国铁路股份有限公司(以下简称"德铁")几百个火车站开展的,而东方航空的空铁联运主要依托上海虹桥枢纽(虹桥火车站+虹桥机场)来开展,黑龙江的公铁联运是结合黑龙江境内的火车站和汽车客运站来开展的。同时,便捷的枢纽换乘体系也是旅客联程运输发展的重要支撑,如枢纽内部换乘通道、换乘距离、标志标识、信息系统、安检、验票等都将对旅客联程运输的开展产生重要影响。

(三)技术条件

技术的发展是旅客联程运输发展的重要条件。移动互联网、人脸识别、无感支付、物联网、区块链等技术的发展对促进旅客联程运输发展的票务、支付、信息查询、安检等服务已经且将在未来持续产生重大影响,为旅客联程运输发展创造了很好的技术条件,旅客联运服务模式也将产生重大变革。比如,移动互联网的普及应用,促进了各运输方式电子客票的快速发展和应用,区块链技术的诞生和应用为不同运输方式实现票务系统对接,发展一站式购票、一票制出行提供了有利的条件。

(四)市场条件

市场是旅客联程运输发展的基础条件,旅客联程运输的发展离不开市场需求,一方面需要有较大的公共客运市场,虽然需要联运服务的人群只占所有旅客的一部分,但不断增加的公共客运市场将相应增大旅客联程运输的客流需求,从目前国外旅客联程运输发展经验来看,旅客联程运输发展较好的是欧洲、日本等公共客运发展较好的地区,美国虽然客流量也较大,但以采取航空和私人小汽车出行为主的模式,旅客联程运输发展相对滞后;另一方面,需要有提供旅客联程运输服务的市场主体,旅客联程运输强调的一体化运输,一体化的运输主体或运输主体之间开展一体化运输协作对于开展旅客联程运输至关重要,将有效提升旅客联程运输的便捷性,增强旅客采用联程运输出行的信心,促进联程运输发展。

当前,我国客运市场蓬勃发展,铁路、公路、民航等运输方式客运规模都较大,为旅客联程运输发展提供了较好的客流基础,具备了发展旅客联程运输的客流条件。但是,我国目前还缺乏为旅客联程运输全程负责的联程运输主体,仅部分在线旅游企业平台企业(Online Travel Agency,OTA)提供一站式信息查询和购票服务,旅客联程运输服务主体仍需加紧培育。

八、旅客联程运输发展阶段划分

根据旅客联程运输的概念、内涵及特征,旅客联程运输是一种理想化的高级状态,受到体制机制、信息化发展等客观因素的影响,其发展是一种循序渐进的演变过程。结合旅客联程运输服务设施设备、运输组织、运输服务、信息化互联互通、市场发展、法律法规、标准等因素的发展程度的不同,旅客联程运输发展总体可划分为三个阶段。

(一)初级阶段

在这一阶段,旅客联程运输刚开始起步,铁路、公路、民航、水运等运输方式的运营主体之间有了合作的意识,形成各自往前靠,但又各自独立运的局面。多种运输方式的枢纽场站,开始在空间相邻或者平面上紧邻规划建设,但是枢纽规划建设相对独立,各走各的程序,各按各的标准。运营和管理部门开始寻求跨运输方式业务合作,探索开展初级的合作,如在机场、火车站开通城市公交线路、增加运力,在机场、火车站设立汽车客运站、开通客运线路等形式的合作，但是在业务上还是相对独立。在这个阶段，信息系统还不能有效对接，系统独立运行，信息只能通过人工共享。管理体制上，未能建立适应旅客联程运输发展的综合交通运输管理体制。票制、票价、服务、运营等各方面的管理政策、法规、标准都独立运行。

（二）中级阶段

在这一阶段，旅客联程运输深入推进。管理体制上，综合交通运输管理体制逐步理顺，初步建立了综合交通运输管理体系，但运行还存在一定的障碍，运行不顺畅，不同运输方式合作还存在一定问题。在规划建设上，客运枢纽之间规划建设逐步统一，出现了一定数量的综合客运枢纽，可以实现旅客在枢纽内便捷换乘，综合客运枢纽运营逐渐统一，不同运输方式的设施设备可以部分共享。在业务上，不同运输方式开始更加深入合作，出现了一些空铁联运、公航联运等旅客联程运输模式，但是联运的深度和服务方式都较为初步，如可以实现在一个平台、一个站点购票，但不同运输方式间的票还不能统一，旅客还需要购买多张票，不同票之间退改签政策仍然不能统一。在信息服务上，不同运输方式之间通过技术或管理手段，信息得到初步整合，但信息整合得还较为初步，一些运营企业间的信息可以交换共享，但是道路、铁路、民航系统间还不能实现互联互通和开放共享。在市场主体上，出现了部分可以给旅客提供联程运输的主体，但是市场主体仍然较少。在市场规模上，联程运输快速发展，但是联程运输占比仍然较少。

（三）高级阶段

在这一阶段，旅客联程运输蓬勃发展，跨方式运输中占比较大，旅客联程运输服务进一步提升，旅客可以实现一站式购票、一票制出行，享受全程服务，不同运输方式间行李直挂、安检互认得到实现。在市场方面，出现了大量的旅客联程运输服务主体，旅客联程运输量较大。在设施设备方面，综合客运枢纽统一规划、统一设计、统一建设、统一运营，出现立体式综合客运枢纽，不同运输方式运营在同一建筑体内、合理布局、共建共享。在管理方面，适应旅客联程运输发展的法律法规和管理体制机制已经建立，部门间协作非常顺畅，建立了适合旅客联程运输发展的法律法规和标准体系。信息服务方面，以无感支付、智慧互联、精准实时信息服务为特征的旅客联程运输高度普及。实现出行与商业、物流、旅游等高度融合发展，实现出行即服务。

旅客联运发展阶段如表 1-1 所示。

旅客联运发展阶段　　　　　　　　　　　　　　表 1-1

要素	初级	中级	高级
联运规模	规模很小	有一定规模,但在综合交通运输中比例很低	跨区域、跨运输方式出行中占比较高
联运枢纽	各运输方式枢纽独立建设	存在一定数量的联运枢纽,但联运水平不高,联运枢纽大多以地面交通中心(Ground Transportation Center, GTC)形式存在,尚未形成一体化运营模式	统一规划、统一设计、统一建设、统一运营,一体化运营模式
联运组织	初步合作,开通到火车、机场客运或公交线路	开始更加深入合作,出现了一些空铁联运、公航联运等旅客联程运输模式,但是联运的深度和服务方式都较为初步	各种运输方式协同组织调度,一体化组织
联运信息	信息系统还不能有效对接,系统独立运行,信息只能通过人工共享	不同运输方式之间通过技术或管理手段,信息得到初步整合,但信息整合得还较为初步,一些运营企业间的信息可以交换共享,但是道路、铁路、民航系统间还不能实现互联互通和开放共享	以无感支付、智慧互联、精准实时信息服务为特征的旅客联程运输高度普及。系统间高度互联互通
联运客票	未实现	实现"一站式购票"和简单"一票制"	全面实现电子客票,全面实现一票制或一证式
联运行李	不能实现	可以实现"一站式"交付,但中途需要旅客处理	全面实现行李直挂、"徒手旅行"和实时追踪
联运机制	松散型合作	初步建立了综合交通运输管理体系,但运行还不顺畅	管理体制上,未能建立适应旅客联程运输发展的综合交通运输管理体制
联运市场	市场主体独立运营	运输企业开始尝试联运服务,出现第三方市场主体	联运主体较多,第三方经营模式较为普遍
联运环境	票制、票价、服务、运营等各方面的管理政策、法规、标准都独立运行。宏观上出现联运导向政策,但未能完全落地	制定了联运发展政策、纳入相关规划、制定了联运标准体系,出台联运标准	建立了适应联运发展的法律法规、标准体系,联运市场扶持和监管体系

九、旅客联程运输发展历史沿革和大事记

国外很早就有过开展空铁旅客联运类似服务的尝试。1959 年,布鲁塞尔最早开始实施城市值机服务,由比利时国家铁路提供铁路运输,同时也提供机场巴士专线服务。20 世纪末开始,欧洲一些机场借助完善的高速铁路网络,在飞机和高速铁路的联运开展了尝试,高速铁路作为航空运输的"零米高度支线航空",极大地拓展了机场的腹地范围,旅客在火车站航站楼可以实现一次安检,异地通关。法兰克福机场于 1995 年基本完成空铁联运的基础设施建设后,德国铁路公司和德国汉莎航空公司开始为旅客提供空铁联运服务,这也是世界上较早和较为成功的空铁联运服务。

我国的旅客联程运输发展可概括为以下几个阶段。

(一)早期探索

我国旅客联运最早可追溯到 20 世纪 60—70 年代,在广东省、浙江省、湖南省等地开展了以铁路为主的公路、铁路旅客联运。以福建省为例,1960 年 1 月,福建省古田县成立古田县运输指挥部一条龙办公室,首次开办铁路、公路货物联运业务,同年 5 月 1 日,成立莪洋地区一条龙客运小组,接着开办旅客联运业务,将省内福州、厦门、永安、漳平、邵武、三明、南平、莪洋 8 个枢纽火车站和 33 个主要汽车站组成一个联运群体,为旅客办理售票、食宿、行包接送托运等业务,实行旅客吃、住、行一条龙服务。至同年 9 月,共完成铁路公路旅客联运 10629 人次,接送托运行包 2102 件。

之后,我国围绕铁路、公路开展的旅客联程联运相对较少,少数地市在春运等特殊时期,开展了一些公铁旅客联程联运的应用。2008 年 1 月 29 日,上海铁路局决定,临时增加三趟专列,用于运输滞留在上海站的安徽旅客。在专列抵达蚌埠站后,旅客将凭手中的火车票,再由当地有关部门组织公路班车进行运输,确保旅客能尽早返乡。

(二)蓬勃发展

2012 年 5 月 5 日,东方航空和上海铁路局借鉴德铁公司和汉莎航空的模式,共同推出了国内首个空铁联运产品"空铁通",实现苏州、无锡、常州和宁波这 4 个城市与东航上海虹桥和浦东两大机场东航航班的空铁双向衔接联运服务,标志着我国旅客联运服务

进入快速发展时期。在这之后,国内其他航空公司、机场、铁路局、铁路车站、道路客运企业也迅速跟进,推出了服务更加创新、完善的空巴联运、公铁联运、空海联运等联运模式,以及行李直挂运输、跨方式安检互认、一站式购票等联运服务,本书将在第三章做详细介绍。

(三) 步入正轨

"十三五"时期,我国旅客联程运输在经历了多年的积累和探索后,发展开始步入正轨,多项行业政策、技术标准、战略合作协议等相继发布,旅客联程运输也成为交通强国建设的重要内容,地位不断提升,全行业在经过不断的研讨和实践后形成了基本的发展共识。

2017年12月,交通运输部、国家发展改革委、国家旅游局、国家铁路局、中国民用航空局、国家邮政局、中国铁路总公司7部门联合发布了《关于加快推进旅客联程运输发展的指导意见》,各地也积极响应,制定了本地的旅客联运发展政策。

同时,随着全国综合交通运输标准化技术委员会的成立,《旅客联运术语》(JT/T 1109—2017)、《旅客联运服务质量要求 第1部分:空铁旅客联运》(JT/T 1114.1—2017)、《旅客联运服务质量要求 第2部分:公路航空旅客联运》(JT/T 1114.2—2018)、《综合交通电子客票信息系统互联互通技术规范》(JT/T 1310—2020)等多项行业技术标准颁布实施。

2018年5月10日,中国民用航空局与中国国家铁路集团公司签署推进空铁联运战略合作协议,双方将在完善空铁联运基础设施、创新空铁联运产品、提升空铁联运服务、扩大空铁联运信息共享、推动空铁联运示范工程5个方面展开合作,促进综合运输服务一体化发展。

2019年9月,中共中央、国务院印发《交通强国建设纲要》,提出要"基本形成全国123出行交通圈(都市区1小时通勤、城市群2小时通达、全国主要城市3小时覆盖),旅客联程运输便捷顺畅",并提出了发展旅客联程运输的重要任务。

2020年8月25日,东航售票系统与铁路12306售票系统全面实现系统对接,旅客可以通过任一方系统,一站式购买东航、上航航班与高铁车次的组合联运客票,这也是国内铁路和民航售票平台的首次系统级对接。

十、本章小结

本章梳理了旅客联程运输相关概念以及欧盟、美国等国外旅客联程运输概念的发展脉络,提出了我国旅客联程运输的概念,明确了旅客联程运输的内涵和典型特征,提出了旅客联程运输系统构成。分析了推进我国旅客联程运输的理论和现实意义以及在综合运输体系中的地位和作用,梳理了各个管理部门和企业在推进旅客联程运输工作的责任和作用,提出了旅客联程运输发展的条件和阶段划分标准,较好地构建了旅客联程运输基础理论体系。

CHAPTER TWO 第二章

我国旅客联程运输发展现状及问题

一、旅客联程运输发展基础

当前,我国已进入由各种运输方式独立发展、加快建设,向多种方式融合交汇、统筹发展、建设现代综合交通运输体系的新阶段。"十四五"时期,我国综合交通运输体系建设仍处于重要战略机遇期。《交通强国建设纲要》中明确提出推动交通发展由追求速度规模向更加注重质量效益转变,由各种交通方式相对独立发展向更加注重一体化融合发展转变,由依靠传统要素驱动向更加注重创新驱动转变,构建安全、便捷、高效、绿色、经济的现代化综合交通运输体系,总的来看,当前我国旅客联程运输发展的基础条件已经具备,同时也面临着许多新形势、新要求。

(一)体制机制

2008年,我国完成了交通运输大部制改革,民航、铁路、邮政均划归交通运输部管理,这标志着我国综合交通运输体制机制改革迈出了重要的一步。新的交通运输部组建近十余年来,山东、广西、云南、西藏、陕西、天津、河北、上海、江苏、重庆、北京等省(自治区、直辖市)相继完成"大交通运输厅局委"的组建,部分地市还设立了专门的"铁路办""民航办""邮政办"以及其他形式的综合运输协调管理机制。不论是日常的行业管理和服务创新,还是春运等重点节假日特殊时期的运输保障、安全应急指挥,各种运输方式都积极参与,协调合作不断深化,综合交通运输体系的质量不断提高,并且在跨运输方式安检互认、电子客票信息系统互联互通等领域取得了从0到1的关键突破,各种运输方式长期以来独立运行各自为政的局面得到了根本性的转变,为旅客联程运输提供体制机制上的保障。

(二)客运规模

从客运总量看(表2-1),2019年我国共完成营业性客运量176.04亿人,同比下降1.9%。其中,道路运输完成营业性客运量130.12亿人次,同比下降4.8%;旅客周转量8857.08亿人公里,同比下降4.6%。而与之相对应的是,铁路完成旅客发送量36.6亿人,同比增长8.4%;民航完成旅客运输量6.6亿人次,同比增长7.9%;水路客运2.73亿人次,同比下降2.5%。

从运输结构看,道路运输继续在综合运输体系中发挥基础与主体作用,2019年道路客运量在总客运量中占比例分别为73.9%。但从发展趋势来看,铁路、民航客运量均保持较快增长,在总客运量中的占比已连续6年增长,公路、水路客运量则相应地出现了连续下降。

2013—2019年各种运输方式客运量及比例　　　表2-1

年份(年)	铁路 客运量(亿)	铁路 比例(%)	公路 客运量(亿)	公路 比例(%)	水路 客运量(亿)	水路 比例(%)	民航 客运量(亿人)	民航 比例(%)	总客运量(亿)
2013	21.1	9.9	185.3	87.3	2.4	1.1	3.5	1.7	212.3
2014	23.0	11.3	173.6	85.4	2.6	1.3	3.9	1.9	203.2
2015	25.3	13.0	161.9	83.3	2.7	1.4	4.4	2.2	194.3
2016	28.1	14.8	154.3	81.2	2.7	1.4	4.9	2.6	190.0
2017	30.8	16.7	145.7	78.8	2.8	1.5	5.5	3.0	184.9
2018	33.7	18.8	136.7	76.2	2.8	1.6	6.1	3.4	179.4
2019	36.6	20.8	130.1	73.9	2.7	1.6	6.6	3.8	176.0

此外,2019年全年完成城市客运量1279.17亿人,比上年增长1.3%。其中,公共汽电车完成客运量691.76亿人,下降0.8%;快速公交系统(BRT)完成客运量17.47亿人,完成公共汽电车运营里程354.13亿公里,增长2.3%;轨道交通完成客运量238.78亿人,增长12.2%,完成运营车公里41.43亿车公里,增长17.5%;巡游出租汽车完成客运量347.89亿人,下降1.1%;客运轮渡完成客运量0.73亿人,下降9.0%。

(三)基础设施

我国交通基础设施建设成就斐然,港珠澳大桥、大兴国际机场等超级交通基础设施相继完工并投入使用,高铁运营里程位居世界第一,全国绝大多数乡镇和建制村已通硬化路,现代综合交通基础设施网络已基本形成。

1. 运输网络

截至2019年底,全国铁路营业总里程13.9万公里,高速铁路营业里程3.5万公里,全国铁路路网密度为145公里/万平方公里;公路总里程501.25万公里,高速公路里程14.96万公里,农村公路里程420.65万公里;内河航道里程12.73万公里;定期民航航班航线5521条;公交运营线路里程达133.6万公里,公交专用道达1.5万公里,运营线路65730条;全国35个城市开通运营轨道交通,运营里程5480.6公里,运营线路59条。

2. 运输场站

截至2018年底,全国汽车客运站总数达38.8万个,等级客运站19991个,简易站及招呼站 367735 个。等级客运站中，一级站 912 个，二级站 1916 个，三级站 1739 个，四级站 5421 个，五级站 10003 个。2014—2018 年全国等级客运站发展情况如表 2-2 所示。

2014—2018 年全国等级客运站发展情况（单位：个）　　表 2-2

年份(年)	一级站	二级站	三级站	四级站
2014	793	1971	2001	5741
2015	847	1952	1965	5738
2016	857	1949	1943	5664
2017	881	1940	1835	5597
2018	912	1916	1739	5421

截至 2019 年底，全国颁证民用航空机场达 238 个，跑道 261 条，停机位 6244 个，航站楼面积 1629 万平方米。

截至 2019 年 1 月，全国共有 2848 个铁路火车站，9766 趟火车车次，104022 个停靠次。停靠有动车及高铁车次的火车站有 943 个，动车高铁停靠站次 57240 次，高铁动车停靠、始发、终到车次前 30 的火车站及车次数量如表 2-3 所示。

2019 年 1 月全国停靠、始发、终到车次数量排名前 30 的火车站　　表 2-3

排序	铁路火车站名	停靠车次数量(个)	铁路火车站名	始发车次数量(个)	铁路火车站名	终到车次数量(个)
1	广州南	915	广州南	352	广州南	359
2	南京南	838	上海虹桥	302	上海虹桥	295
3	上海虹桥	694	北京南	210	北京南	213
4	杭州东	628	深圳北	199	深圳北	199
5	长沙南	538	成都东	179	成都东	181
6	深圳北	517	西安北	162	西安北	164
7	武汉	515	武汉	120	武汉	119
8	郑州东	467	昆明南	119	上海	116
9	西安北	430	上海	114	昆明南	109
10	北京南	415	长沙南	104	长沙南	102
11	合肥南	412	北京西	98	北京西	98
12	徐州东	390	福州	94	福州	94
13	汉口	376	重庆北	91	重庆北	93
14	成都东	375	广州东	89	广州东	92
15	苏州	368	香港西九龙	84	香港西九龙	84

续上表

排序	铁路火车站名	停靠车次数量(个)	铁路火车站名	始发车次数量(个)	铁路火车站名	终到车次数量(个)
16	昆山南	338	深圳	83	南宁东	83
17	无锡	335	南京	80	深圳	83
18	南宁东	326	汉口	78	汉口	81
19	石家庄	321	温州南	76	郑州东	81
20	常州	318	南宁东	75	合肥南	80
21	济南西	305	杭州东	74	南京	79
22	温州南	302	合肥南	74	温州南	77
23	厦门北	292	贵阳北	71	杭州东	75
24	南昌西	288	珠海	71	贵阳北	73
25	昆明南	263	太原南	70	太原南	71
26	衡阳东	262	郑州东	70	珠海	71
27	上饶	259	重庆西	67	南京南	66
28	宁波	257	南京南	64	重庆西	66
29	泉州	250	大连北	63	哈尔滨西	64
30	重庆北	250	天津	63	长春	63

（四）技术创新

当前，互联网、移动互联网、人脸识别、无感支付、身份认证等技术的发展促进了旅客运输运输，对票务、支付、出行信息、安检等方面的服务产生了重大影响，对出行服务模式也将产生重大影响，为旅客联程运输发展创造了很好的技术条件。如互联网和移动互联网的普及应用，促进了客运行业票务信息化水平，为铁路、道路客运行业实现电子客票提供了有利的条件，同时也为不同运输方式实现票务系统对接，发展"一站式购票""一票制出行"提供了有利条件，促进了旅客联程运输发展。未来，随着新一代通信技术、人工智能、区块链等新技术的发展，将为旅客联程运输发展创造更好的技术条件。

二、旅客联程运输发展现状

（一）联运设施现状

1. 联运枢纽

当前，我国联运枢纽主要为综合客运枢纽。综合客运枢纽是旅客联程运输中跨运输方式转换的关键节点，也是旅客联程运输中重要的基础设施保障。

联运枢纽按照组合方式划分可以分为空铁联运枢纽、公铁联运枢纽、公航联运枢纽、空轨联运枢纽，很多联运枢纽既是多种联运模式的组合（如上海虹桥枢纽既是空铁联运枢纽），又是公航联运枢纽，是综合型联运枢纽。

联运枢纽按主导运输方式划分为航空主导型联运枢纽、铁路主导型联运枢纽和航空、铁路共同主导型枢纽，道路客运和水运主导的联运枢纽不普遍。

联运枢纽按衔接模式划分为一体化模式、地面交通中心（GTC）模式、分离模式和接驳模式。

1）空铁联运枢纽

空铁联运是我国发展最早、现阶段最为成熟的联运模式之一，空铁联运枢纽也是联运枢纽中换乘规模最大、功能设施最为完善、影响力最大的联运枢纽。

从运输组织衔接方式来看，空铁联运模式主要有以下几种：

（1）一体化模式

机场航站楼与铁路场站一体化规划建设，同体建设，铁路轨道下穿航站楼，这种模式下旅客换乘距离最短。

（2）地面交通中心（GTC）模式

机场航站楼与铁路场站通过机场地面交通中心连接，旅客需要进入地面交通中心换乘铁路出行。

（3）分离模式

机场航站楼与铁路场站在一定距离内独立存在，旅客需要走出航站楼至铁路站换乘铁路出行。

（4）接驳模式

机场航站楼与铁路场站独立存在且距离较远，旅客一般需要乘坐摆渡车或其他交通工具换乘铁路出行,这是一种最为常见的模式。

专栏2-1:北京大兴国际机场

2019年9月25日,全球最大规模的单体航站楼——北京大兴国际机场正式投入运营,与北京首都国际机场南北遥相呼应,北京进入双枢纽时代。北京大兴国际机场位于天安门正南方46公里,以航站楼为综合换乘枢纽节点,各轨道交通进入航站楼地下二层设置站台,地下一层设置换乘中心。综合交通换乘中心的轨道类型包含了高铁、城际、快轨、市郊铁路及地铁5种,共16条线。其中,京雄城际、新机场快线、廊涿城际与航站楼同步投入使用(图2-1)。

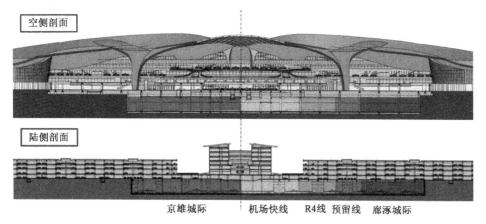

图 2-1 北京大兴国际机场空侧和陆侧剖面图

北京大兴国际机场定位为京津冀区域综合交通枢纽,现已形成"五纵两横"综合交通主干网,包括4条高速公路、1条机场快轨、1条高速铁路、1条城际铁路,以大容量公共交通为主导,可以高效、便捷地连接北京城区。无缝衔接的垂直换乘航站楼、停车楼、轨道交通、行车道、服务设施等组成了完善的综合交通枢纽,使得大兴机场成为全国首个真正意义上的第一个"零距离换乘"综合客运枢纽。旅客从轨道、铁路出站后步行1~2分钟内即可在B1层办理国内值机、行李托运、安检,流程简洁,实现无缝垂直换乘。与此同时,地铁草桥站具备值机、行李托运的功能,现有2个国际值机柜台,2个国内值机柜台,实现了行李直挂。

➢ 空铁联运发展情况

空铁联运是大兴国际机场服务领域的一个重要项目。在机场航站楼下,规划建设16条轨道经过。其中京雄城际铁路北京段已于2019年9月26日率先通车。京雄城际铁路自北京西站引出,经过既有京九铁路至李营站,接入新建高速铁路线路,向南途经北京市大兴区、河北省廊坊市、霸州市至雄安新区,设北京大兴、大兴机场、固安东、霸州北、雄安5座车站。京雄城际铁路北京西至大兴机场段开通运营后,旅客从北京西站乘坐高铁20分钟可直达大兴机场站。大兴机场站位于北京大兴国际机场航站楼地下,与大兴机场实现无缝衔接,最大限度方便旅客出行。

➢ 公航联运发展情况

随着大兴国际机场投入运营,部分机场巴士线路及省际客运班线也同步开通运营。机场巴士方面,在北京市内同步开通6条机场巴士线路,其中白天班线5条,分别由大兴国际机场到达北京站、北京南站、北京西站、通州、房山,运营时间为5时至23时;夜间班线1条,由大兴国际机场到达前三门,运营时间为晚23点至当日航班结束。客运线路方面,线路分别通往天津、廊坊、唐山、保定。每日双向4~10班次不等。乘客乘坐机场巴士或客运班线到达航站楼后均可以通过站厅内的大容量扶梯直接提升至航站楼的出港大厅,实现了真正意义的"零距离换乘",为旅客提供公航联运服务。

专栏2-2:上海虹桥综合交通枢纽

➢ 枢纽平面布局

上虹桥枢纽由虹桥机场、铁路虹桥站、磁悬浮虹桥站、东西交通中心、城市轨道交通等组成枢纽的主要功能部分,其中虹桥机场在既有跑道西侧365米建设第二跑道,西侧相应布局西航站楼设施等;西航站楼与既有航站楼互为卫星厅,同时作为浦东机场的城市航站楼。铁路客站距虹桥机场现状跑道1700米左右,距机场西航站楼450米左右。铁路客站规模为30股道、16站台。磁悬浮客站设置在铁路客站以东,规划规模为10线10台。

从平面布局来看(图2-2),虹桥枢纽建筑综合体由东至西分别是虹桥机场西航站楼、东交通中心、磁悬浮、高铁、西交通中心。虹桥枢纽在东交通中心集中设置公交巴士东站及候车大厅,服务于机场与磁浮的到达接客。在公交巴士站南北两侧分设单元式社会停车库,亦服务于机场与磁浮。在西交通中心组织公交巴士西站,并设置大型地下停车库。从垂直层面来看,整个枢纽12米为高架出发层,6米为机场、磁浮段与东交通中心沟通的换乘廊道层面,0米为轨道及站台层,-9.5米为地下大通道层,-16.5米为地铁站台层。

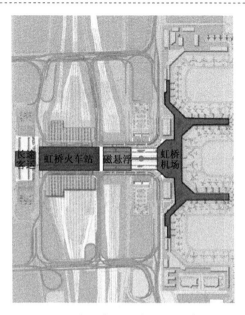

图 2-2　虹桥枢纽局部平面示意图

虹桥枢纽立足于"建设面向全国、服务长三角"的设想，串联了上海、南京、杭州三大都市圈以及沿线苏锡常等经济发达地区，在长三角地区的旅客运输和联运上发挥了核心重要作用。首先，整合了交通基础设施、优化了城市结构，通过有效组织和紧密连接，实现市域交通与铁路、民航之间的便捷换乘，吸引集中了停车场、旅店、商业服务的相关配套设施；其次，集成整合了各种运输方式到一个综合设施体中，并通过枢纽内部空间设计和转运设施，控制了换乘距离，保障了换乘的便捷性；最后，虹桥枢纽还设立了浦东机场值机柜台，有效地整合和平衡了两场的航空资源。

> 枢纽对外交通运行情况

2018年，虹桥枢纽对外旅客到发量达到1.77亿人次，日均对外客流达到48.5万人次（表2-4）。其中，航空占24.1%，铁路占73.9%，长途客运占2.0%。2014—2018年枢纽客运量持续增长，年均增长率为9.2%（图2-3）。航空和铁路客运均已超过设计规模，运营压力较大。长途客运受铁路竞争影响，其吸引力逐年下降，2018年客流量仅为规划值的35%，与预期有较大差距。

虹桥枢纽已经成为辐射长三角的综合交通枢纽。其中，虹桥机场约有15%的旅客出发地在上海以外的长三角区域。铁路虹桥站的旅客目的地有70%在长三角地区，服务长三角地区功能显著。虹桥枢纽已经成为全国最大的空铁联运枢纽。根据调查统计，2018年约有1万人次/日的客流在虹桥枢纽实现了空铁联运，达到了规划目标的75%左右,约占虹桥机场旅客吞吐量的8%;此外,还有约2000人次/日的客流实现了机场与长途客运的联运。受到磁悬浮未建和长途客运客流偏低的影响,虹桥枢纽的内部外-外中转总体规模偏低,目前枢纽外-外中转总量占枢纽对外客流总规模的7%。导致大量客流转移由城市集散交通承担。因此,目前对外交通规模虽然只达到规划的86%,但是枢纽的城市集散规模已经达到规划的112%,对城市交通的集散压力较大。

2018年虹桥枢纽对外旅客到发量与规划对比表　　表2-4

	规划值(万人次)		2018年(万人次)		规划对比
	年到发量	日到发量	年到发量	日到发量	
机场	4000	11.0	4263	11.7	106%
铁路	12200	33.4	13063	35.8	107%
道路长途客运	1000	2.7	354	1.0	35%
磁悬浮	3400	9.3	0	0	0%
合计	20600	56.4	17680	48.5	86%

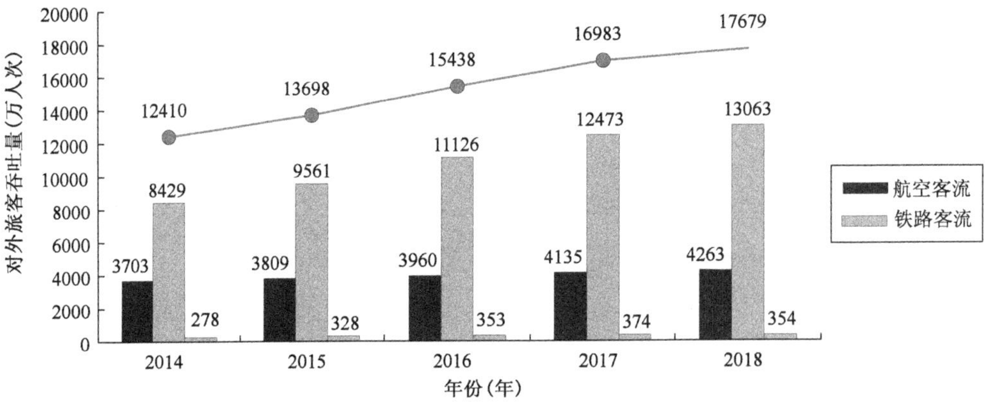

图2-3　2014—2018枢纽对外旅客吞吐量(万人次/年)

2)公铁联运枢纽

公铁联运枢纽是数量最多、服务范围最广的联运枢纽。全国97%的综合客运枢纽是铁路站与公路客运站衔接而成的,全国省会城市及多数地级以上城市的火车站均配建了公路客运站,数量为300~400个。

专栏 2-3　长沙南站综合客运枢纽

长沙南站西站房竖向分为出站层、站台层、高架层三个层面。高架层分为中间的候车厅和两端的服务区；站台层包括站房部分的站台和南北雨棚部分下面的站台；出站层包括出站大厅和东西两侧的出站通道，将东西广场连成整体。

长沙南站东站房分为5层，其中，地上2层，地下3层。地上2层为高架层，为旅客候车区域。地上1层为进站层，主要为高架车道、落客平台、磁悬浮联系通道以及实名制验证、安检区域等。负1层为出站层，该层可以搭乘磁悬浮、进出地铁口、购高铁票、搭乘出租车和公交车。负2层及负3层均为社会停车场。

长沙南站设有轨道交通站，途经长沙南站线路有长沙轨道交通2号线、长沙轨道交通4号线和长沙磁悬浮快线。其中，长沙轨道交通2号线于2015年12月28日正式开通运营，运营时间为06:30—23:00，始发终到站为梅溪湖西站和光达站；长沙磁悬浮快线于2016年5月6日开始载客试运营，运营时间为07:00—22:00，始发终到站为磁悬浮高铁站和磁悬浮机场站。

黎托高速公路汽车站位于高铁长沙南站的西广场南侧（图2-4），是高铁站的配套交通设施，主要功能区在地下，它的地下两层与长沙南站的地下两层相通，负二楼是各种汽车停放区和搭车区，地上楼是其他信息服务区。2014年4月正式迁入建成的黎托站大楼。作为"十二五"期间长沙重（新）建的4个国家级公路一级综合客运枢纽站之一，市民可在长沙火车南站享受高铁、地铁、长短途客运等多种交通方式"零换乘"的便利。该项目建筑面积31485平方米。其中，地下负一层停发车位区域11000平方米，地上四层为主站房，建筑面积19485平方米，包括候车厅面积2600平方米，售票厅面积850平方米。

长沙南站　　　　　黎托高速公路
西站房　　　　　　汽车站主楼

图 2-4　长沙南站与黎托高速公路汽车站

> **专栏 2-4　公铁联运枢纽——南京南站**
>
> 　　南京南站位于江苏省南京市雨花台区,是中国铁路上海局集团有限公司管辖的客运站,是南京铁路枢纽的重要组成部分,也是华东地区最大的交通枢纽,是亚洲第一大火车站和亚洲第一大高铁站。2008 年 1 月正式开工,2011 年 6 月 28 日南京南站及北广场正式投入使用,成为中国第一个通过垂直换乘实现真正零换乘的交通枢纽,其"垂直换乘"的设计理念被原铁道部全面推广和使用。
>
> 　　南京汽车客运南站位于南京南站北广场西侧,地面一层,是站运分离的一级社会公用型车站,是中国首家实现火车、长途客运、地铁、市内公交、出租车、社会车辆 6 种运输方式无缝链接和零距离换乘的新型智能化综合枢纽汽车客运站,设有发车位 23 个,检票口 21 个,售票窗口 22 个,营运班线辐射范围覆盖六省。

2. 联运站点

当前,我国联运站点主要表现为开展公铁和公航联运的汽车客运站或以道路客运为节点的高铁无轨站或城市候机楼。联运站点一般可以分为城市候机楼和高铁无轨站。

1) 高铁无轨站

高铁无轨站:是中国国家铁路集团有限公司认定的公铁联运新模式,指在没有高铁线路经过的城市,设置具有购票、取票、候车(专线大巴)、物流等功能的铁路站点,通过开通专线大巴与就近的高铁站无缝对接,实现公路与铁路零距离换乘,让边远地区的旅客快捷出行。区别于一般的火车票售票点是有专线大巴接送。

2016 年 12 月 19 日,全国首个高铁无轨站在广西凌云县正式启用(图 2-5),使该县成为全国首个没有高铁线路经过却成功融入高铁路网的城市。2017 年 8 月,广西 11 个高铁无轨站实现联网运营,快捷模式是:甲地无轨站—甲地高铁站—乙地高铁站—乙地无轨站,更好地利用专线大巴的功能,快捷到达目的地。

2019 年 10 月 17 日,广西融水苗族自治县大浪镇高铁无轨站正式开通运营。这是广西壮族自治区内第 15 个高铁无轨站,也是全国首个乡镇级高铁无轨站,建立高铁无轨站将使偏远乡镇地区更加有效地融入"高铁经济圈",分享高铁带来的经济红利。中国铁路南宁局集团公司注重发挥铁路运输扶贫作用,在全国首创高铁无轨站运营模式,此前已在广西 14 个市县建成高铁无轨站并实现联网运行。目前,已开行班车 23.6 万趟,运送旅客 215.8 万人,推介各类农特产品及电商快递直发累计近 7 万件,协办电商进村 6.7 万件,让许多不通高铁的地区尤其是贫困县、乡、镇连通了高铁网,融入了高铁圈,促进了当地

"旅游+高铁""物流+高铁""产业+高铁"多业态融合发展,在加快实施扶贫开发和乡村振兴战略中发挥了重要推动作用。

图 2-5　凌云县高铁无轨站

为进一步方便边远地区人民群众出行,在云南省 48 个无高铁客运站的县市级汽车客运站内建设高铁无轨站为旅客提供"一站式"购票、换乘服务。其中,楚雄、大理、祥云、保山、腾冲等地已建成 19 个高铁无轨站,旅客可到就近高铁无轨站实现购票、候车、大巴无缝换乘高铁。

2)城市候机楼

候机楼又称"航站楼",是旅客在乘飞机出发前和抵达后办理各种手续和作短暂休息、等候的场所,也是航空港的主要建筑物。候机楼内设有候机大厅、办理旅客及行李进出手续的设施、旅客生活服务设施及公共服务设施。

按航站楼与对应航空机场的相对位置,候机楼可分为机场候机楼和城市候机楼。其中机场候机楼由于在空港内部,不需要运输方式间的换乘,不属于旅客联程运输的研究范围。城市候机楼是机场功能的前置,为了提升大型枢纽机场对于周边城市的辐射能力,各个大型机场纷纷开始在周边城市及市内建立了城市候机楼。乘客在城市候机楼办理取票、值机甚至行李托运等登机前手续后,便可乘坐机场大巴直达机场。

城市候机楼按所在城市与空港所在城市的关系,又分为异地城市候机楼和本地城市候机楼。异地城市候机楼是指候机楼与机场不在一个城市的城市候机楼。本地城市候机楼是指候机楼与机场在一个城市的非机场候机楼。

城市候机楼按联运的运输方式又可以分为城市机场巴士候机楼、跨城机场大巴候机楼、轨道交通候机楼和铁路候机楼。目前最为普遍的是城市机场巴士候机楼和跨城机场大巴候机楼。

城市候机楼按服务的种类分为两类。第一类是在候机楼(机场以外的值机点)提供部分值机服务,在城市候机楼只提供异地办票服务,不接受行李托运服务。目前采用这种方式的机场主要集中在京津冀的石家庄机场以及深圳机场和广州机场,以上机场均在周边城市设立多个城市候机楼,将机场内的值机服务延伸到周边地市,以吸引更多的客源。第二类是在候机楼(机场以外的值机点)提供包括行李托运服务在内的值机服务,实现行李直挂运输。行李托运服务有两种,一种是通过机场在候机楼设置安检设备和行李运输人员,负责提供行李托运和直挂运输服务,如杭州东站城市候机楼;另一种是通过第三方行李承运人提供行李托运服务,如天津机场。

城市候机楼按运营和管理模式划分主要有三种。第一种是由民航机场独立建设运营,此种模式的城市候机楼建设和运营均由机场承担;第二种是由民航机场与合作单位(如旅行社、客运站等)合作建设运营,此种模式下,大部分情况下建设由合作单位承担,具体运营由民航机场运营;第三种是第三方建设运营,此种模式下城市候机楼建设和运营均由第三方完成,机场只做部分的业务指导。

目前,城市候机楼在三大城市群发展比较快。在珠三角地区,深圳宝安国际机场分别在深圳本地、东莞、惠州、香港、珠海、中山、河源等几个城市建设开通了20余个城市候机楼;广州白云国际机场在广州市区、深圳、河源、顺德、肇庆、珠海、清远、江门、梧州、惠州、南海、佛山、云浮、东莞等地建设开通了10余个城市候机楼。

在长三角地区,浦东机场、虹桥机场在公路客运企业的推动下,分别在苏州、常州、昆山等地设立了城市候机楼。杭州萧山机场也在杭州市内及横店以各种合作方式设立了4个城市候机楼。部分吞吐量1000万人次以上机场及候机楼数量见表2-5。

部分吞吐量1000万人次以上机场及城市候机楼数量　　表2-5

序号	机场名称	城市候机楼数量
1	济南遥墙	5
2	南宁吴圩	4
3	福州长乐	7
4	太原武宿	2
5	石家庄正定	14
6	珠海金湾	13
7	郑州新郑	1
8	天津滨海	10
9	沈阳桃仙	5

续上表

序　号	机场名称	城市候机楼数量
10	南京禄口	20
11	上海浦东	2
12	广州白云	29
13	深圳宝安	30
14	昆明长水	12
15	西安咸阳	2
16	上海虹桥	2
17	重庆江北	5
18	杭州萧山	6

注：不含港澳台地区。

（二）联运服务现状

联运服务是指联运承运人或代理人为联运旅客提供的出行前、出行中、出行后的信息查询、出行方案制订、客票购买、行李运输、退改签、信息服务、行程引导、安检通关、中转换乘等运输相关服务。联运服务范围非常广泛，本小节重点关注行李运输和安检通关服务。

1. 行李运输服务

旅客联程运输的行李运输服务主要表现形式为行李直挂运输。行李直挂运输，是指旅客的行李在出行途中部分或全程由相应的服务主体负责运输管理的服务方式。问卷调查显示，33.5%的旅客认为"需要随身携带行李"是联程出行和在不同方式换乘时的首要问题，23.5%的乘客希望享受到门到门的全程行李托运，高收入人群对全程托运行李服务的需求较高。

因此，行李直挂运输服务是旅客联程运输服务优势和特点的重要集中体现，是旅客是否选择联运服务的重要参考，是未来联运建设的重要努力方向，是一种具有高附加值的联运服务，也是评价旅客联程运输服务水平的重要指标。

(1) 实现条件

行李直挂运输组织包括安检和运输两项关键流程。安检方面,不论是公航联运还是空海联运,行李到达机场前都需要现在城市候机楼或客运码头进行一次安检,行李进入机场后再按照民航标准进行多次安检。运输方面,公航联运中的直挂托运行李在道路客运车辆上与其他行李采用独立分仓装车运输,空海联运中的直挂托运行李通过专用的航空标准箱封闭装船运输,行李到达机场后机场都会安排专门的团队负责卸货、安检和送上飞机。对运输企业的调查问卷结果也印证了以上两个环节的重要性,"行李运输责任划分和赔付机制不明确""行李运输风险不可控""行李转运环节成本高"分别排在制约行李直挂服务开展的主要因素前三位。

(2) 基本情况

目前,我国旅客出行时多数情况下还无法享受到行李直挂运输的服务,还需要在出行中自己携带行李进行进站、检票、换乘,国内已有部分枢纽实现部分行程的行李直挂运输。

专栏 2-5:杭州东站城市候机楼行李直挂

➢ 组织运营模式

杭州东站城市候机楼是杭州萧山国际机场设立的第一个城市候机楼,乘客在办理完值机和行李托运以后不再需要随身携带行李,可乘机场大巴直达萧山机场出发层,全程仅需40分钟车程。候机楼负责为旅客办理行李托运手续,并负责与机场巴士运营方协作,将行李运送至杭州萧山机场。行李收运包括行李安检、打包及运输。行李在杭州东站安检完毕并粘贴乘客信息标牌后被运至机场,经过再次安检后运上飞机,乘客只需在目的地机场提取行李即可,真正使得旅客能够轻松出行。此外,机场大巴采用高密度班次(15分钟一班),并设计了应急备用开行线路,保证旅客和行李都能按时登机。

➢ 行李直挂服务作业流程

旅客进入东站候机楼——根据航班及巴士时刻信息购买机票(如果需要)及巴士车票——前往值机柜台办理值机手续并托运行李(如无托运行李,可选择自助值机办理)——行李送至安检处并通过检查后,旅客进入候车室休息(如行李超重,则需到航空售票柜台支付逾重行李费,并返回值机柜台领取登机牌)——在机场巴士开车前,将过检托运行李装入巴士行李舱(与司机交接)——旅客乘车前往机场。

专栏 2-6：深圳机场城市候机楼行李直挂

深圳机场在部分城市候机楼及周边的酒店开通了公路航空联运的行李直挂运输服务，一是面向乘机时间为下午或晚间、携带行李不便的国内航线商旅客户，二是面向行李接送成本投入较大的酒店、展会、政企等企业客户；客户在线上提交行李托运需求后，相关工作人员会前往酒店、城市候机楼收件并运输至机场交付，经安检后登机。此外，行李在运输途中会装入专用行李袋并装配定位和电子标签设备，旅客可查询跟踪行李运输状态，并在目的地机场提取，途中实现空手旅行（图 2-6）。

图 2-6 深圳机场直挂运输行李袋

2. 安检通关服务

目前，联运安检通关服务主要表现为跨运输方式安检流程优化（又称"安检互认"）。安检互认是指不同运输方式间通过明确安检责任义务、优化安检流程、创新安检管理方式、融合安检标准、完善安检设施设备等方式，从而达到运输方式间双向或单向认可安检结果、减少重复安检，促进旅客便捷出行的联运服务方式。

跨运输方式安检流程优化按认可的形式，可以划分为单向互认和双向互认。单向互认是指一种运输方式认可另一种运输方式的安检结果，一般表现为"低"等级运输方式认可"高"等级运输方式的安检结果，比如，铁路认可民航的安检结果。双向互认是指一种运输方式与另一种运输方式相互认可对方的安检结果。

跨运输方式安检流程优化按运输方式组合的形式，可以划分为铁路与轨道交通安检互认、民航与铁路安检互认、铁路与道路客运安检互认、道路客运与城市轨道交通安检互认、民航与道路客运安检互认等形式。目前可以实现且在广泛推广的是铁路与轨道交通的安检互认,其他形式的安检互认目前还未实现。

1)实现条件

实现跨运输方式安检流程优化是提升综合运输服务水平、优化旅客出行体验的重要有效手段,需要在基础设施建设、安全监管、体制机制等多方面满足一定的条件。

一是基础设施方面。必须具备不同运输场站同体建设,综合客运枢纽内部结构应具备建设或改造封闭换乘通道的条件。二是技术标准方面。不同运输方式的安检标准需要统一,包括安检等级、违禁品目录等。三是责任划分方面。跨运输方式安检流程优化的关键是不同运输方式运营主体间安全责任的划分和确认,双方必须基于共同的意愿,明确责任,建立工作机制,并通过正式书面文件形式记录。

对运输企业的调查问卷显示,七成以上的企业认为"不同运输方式安检标准不统一"是制约旅客安检流程优化的主要因素,五成以上的企业认为"安检责任归属问题"是主要因素。

2)基本情况

目前,全国实现铁路与城市轨道交通安检双向互认的综合客运枢纽有 5 个,分别为北京西站、天津站、天津西站、天津南站、成都犀浦站;实现城市轨道交通对铁路单向安检认可的枢纽有 11 个,分别是北京南站、上海虹桥、杭州东站、长沙南站、成都东站、厦门北站、苏州站、无锡站、贵阳北站、广州站、广州东站。

据初步梳理,目前全国铁路火车站与轨道交通同站布设的枢纽有 78 个,除上述 16 个已经实施了安检流程优化的枢纽外,其余 62 个枢纽中,具备安检流程优化改造条件枢纽有 30 个,不具备改造条件的 32 个。铁路与轨道交通安检流程优化情况统计见表 2-6。

铁路与轨道交通安检流程优化情况统计　　表 2-5

城市	序号	铁 路 站	城市轨道交通线路	实施情况
北京	1	北京站	2 号	不具备条件
	2	北京西站	7/9 号	已实现双向互认
	3	北京南站	4/14 号	已实施单向互认
天津	4	天津站	2/3/津滨 9 号	已实施双向互认
	5	天津南站	3 号	已实施双向互认
	6	天津西站	1/6 号	已实施双向互认

续上表

城市	序号	铁 路 站	城市轨道交通线路	实 施 情 况
石家庄	7	石家庄站	3号	具备改造条件
	8	石家庄东站	1号	不具备条件
沈阳	9	沈阳站	1号	具备改造条件
	10	沈阳北站	2号	不具备条件
大连	11	大连站	3号	不具备条件
	12	大连北站	1号	具备改造条件
长春	13	长春站	1/3/4号	不具备条件
	14	长春西	2号	具备改造条件
哈尔滨	15	哈尔滨东站	1号	不具备条件
	16	哈尔滨西站	3号	具备改造条件
上海	17	上海站	1/3/4号	不具备条件
	18	上海南站	1/3号	具备改造条件
	19	虹桥火车站	2/10/17号	已实施单向互认
南京	20	南京站	1/3号	不具备条件
	21	南京南站	1/3/S1/S3	具备改造条件
无锡	22	无锡站	1号	已实施单向互认
	23	无锡东站	2号	具备改造条件
苏州	24	苏州站	2/4号	已实施单向互认
	25	苏州北站	2号	不具备条件
杭州	26	杭州站	1号	不具备条件
	27	杭州东站	1/4号	已实施单向互认
	28	余杭站	1号	不具备条件
宁波	29	宁波站	2号	不具备条件
合肥	30	合肥站	1号	不具备条件
	31	合肥南站	1号	具备改造条件

续上表

城市	序号	铁路站	城市轨道交通线路	实施情况
福州	32	福州火车站	1号	具备改造条件
	33	福州南站	1号	具备改造条件
厦门	34	厦门北站	1号	已实施单向互认
	35	厦门高崎站	1号	不具备条件
南昌	36	南昌西站	2号	具备改造条件
	37	南昌站	2号	不具备条件
青岛	38	青岛站	3号	不具备条件
	39	青岛北站	3号	具备改造条件
郑州	40	郑州站	1号	具备改造条件
	41	郑州东站	1/5号	具备改造条件
武汉	42	武汉站	4号	具备改造条件
	43	武昌站	4/7号	不具备条件
	44	汉阳站	4号	不具备条件
	45	汉口站	2号	不具备条件
长沙	46	长沙站	2号	已实施单向互认
	47	长沙南站	2/4号	已实施单向互认
	48	观沙岭站	4号	不具备条件
广州	49	广州北站	9号	不具备条件
	50	广州东站	1/3号	已实施单向互认
	51	广州站	2/5号	已实施单向互认
	52	广州南站	2号	具备改造条件
深圳	53	深圳站	1号	不具备条件
	54	福田站	2/3/11号	具备改造条件
	55	深圳东站	5/14号	具备改造条件
	56	深圳北站	4,5号	具备改造条件
东莞	57	东莞站	2号	具备改造条件
	58	虎门站	2号	不具备条件
南宁	59	南宁站	2号	不具备条件
	60	南宁东站	1号	不具备条件

续上表

城市	序号	铁 路 站	城市轨道交通线路	实 施 情 况
重庆	61	重庆站	1/3号	不具备条件
	62	重庆北站	3、10号	具备改造条件
成都	63	成都站	1/7号	具备改造条件
	64	成都东站	2/7号	已实施单向互认
	65	犀浦站	2号	已实施双向互认
昆明	66	昆明南站	1号	具备改造条件
	67	昆明站	1号	不具备条件
西安	68	西安站	4号	不具备条件
	69	西安北站	2号	具备改造条件
贵阳	70	贵阳站	1号	具备改造条件
	71	贵阳北	1号	已实施单向互认
济南	72	济南西站	1号	具备改造条件
兰州	73	兰州西站	1号	不具备条件
	74	陈官营站	1号	不具备条件
常州	75	常州站	1号	不具备条件
	76	常州北站	1号	不具备条件
徐州	77	徐州站	1号	不具备条件
	78	徐州东站	1号	具备改造条件

专栏2-7：北京南站铁路与轨道交通安检互认

北京南站于2008年开通运营，是集高速铁路、城际铁路、普速铁路、城市交通于一体的大型综合交通枢纽站，主要开行京沪、京津等方向列车，并与全国路网相连，沟通华东、华南、东北各大城市。

▶铁路

铁路北京南站车站主站房分5层，分别为高架层、平面层、地下一层、地下二层和地下三层。高架层为候车大厅；平面层为站台层，设有24条股道、24个站台，平面层南、北各有一个进站厅。地下层为换乘层（含地铁区域4836平方米）共计5万平方米，其中，地下一层为旅客换乘大厅，面积为3.68万平方米（包括轨道交通换乘区面积5800平方米）；地下二、三层分别为轨道交通4号及14号线。

车站旅客到发量呈逐年增长趋势。目前,日均旅客发送量、到达量分别由开通之初的3万人、2.8万人增加到13.3万人、11.8万人,年均增幅10%以上。2017年,车站旅客发送旅客4467万人,到达4374万人。

车站日均接发列车414趟,最小间隔5分钟,其中,京沪高铁首班6:43始发,末班23:48终到,17个小时05分内共到发221趟,平均每小时高达13趟。且开往上海、杭州、宁波、合肥、青岛等方向的列车,在到达后,均站停20分钟左右立折,特别是每日16:00以后,上述城市返京的客流较大,列车上座率高达120%左右,此时间段,列车终到北京南站均在23:00之后。

➢轨道交通四号线

轨道交通四号线北京南站站为地下车站,其主体位于铁路北京南站地下负一层和负两层,车站主体为南北走向,与十四号线呈"交叉"换乘,四号线在负二层及负三层。

轨道交通四号线北京南站站共有3个出口,2个入口。出口分别为南出口、北出口和东出口,其中,南出口对应大铁南站南出口(南广场),北出口对应大铁南站北出口(北广场);2个入口,分布于站厅的东、西两侧。A(北)出口:位于站厅北侧;B1(东)出口:位于站厅东侧;B2(东)进口:位于站厅东侧;C(南)出口:位于站厅南侧;D(西)进口:位于站厅西侧。

➢安检流程优化方式

按照"常态情况一次安检、特殊时期强化防控"工作思路,对北京南站安检模式进行优化。铁路方面按照"行包件件过机、旅客人人手检"原则,对终到北京南站旅客和进入北京南站的人员及其携带物品加强源头安检;轨道交通方面在常态情况下,采用"停机不撤点"的模式,停止安检流程,保留部分安检人员作为区域防控和客运组织力量。如特殊时期需临时启动轨道交通安检时,轨道交通方面要按照《北京市城市轨道交通分级分类安检标准(试行)》相关规定和北京市公安局公交总队通知要求执行。轨道交通安检站点撤销后,铁路方面执行《国家铁路局 公安部关于发布铁路〈禁止携带物品目录〉的公告》(国铁运输监〔2015〕3号)《禁止携带物品目录》,以及铁路总公司颁布的《铁路进站乘车禁止和限制携带物品的公告》。

北京南站换乘层平面示意图如图2-7所示。

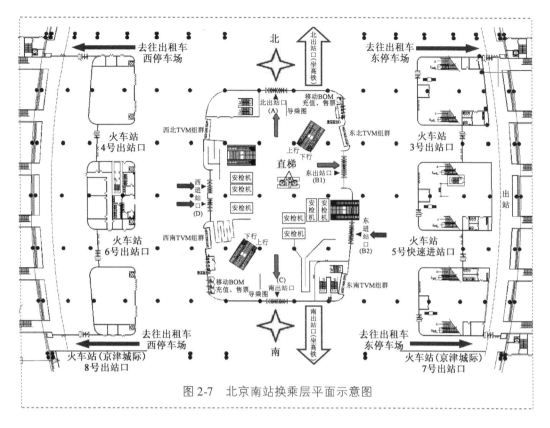

图 2-7 北京南站换乘层平面示意图

（三）联运信息化现状

1. 联运票务信息化现状

我国铁路、公路、水路、民航客运信息化建设的背景、路径和目前发展水平有很大的差异。民航客运信息化建设起步最早，且发展之初就在国际航协的标准框架下进行，在信息开放共享、标准化、科技应用等方面均较其他运输方式先进；铁路客运信息化建设相对于民航较晚，但由于我国统一的铁路管理和建设体制优势，经过多年的建设已经取得了较大的成就，很好地支撑了我国铁路运输行业转型升级的大发展；公路、水路客运信息化建设起步较晚，相对于铁路、民航发展水平较低，信息化系统零散、非标、建设水平低等问题较为突出，且整合优化的成本较高，需要一定的时间和必要过程。

1）道路客运客票信息化

20世纪90年代以来，各地汽车客运站逐步淘汰了传统的硬板票和手工票，纷纷开始建设计算机售票系统。随后，原交通部出台一系列公路客票标准，指导和规范各地计算机售票系统的建设。目前我国二级以上客运站均已建设了计算机售票系统，不少地区的农村客运站也实现了微机售票。

由于发展水平不一,各地纷纷建立自己的售票系统,有客运站主导建立的售票系统,也有各省厅建立的售票系统,交通运输部只提供简单的行业指导。局部范围内,以企业为主导,进行了跨省联网售票的尝试。2006年,在原交通部公路司、科技司的指导下,北京市海博票务服务有限公司、天津市交通(集团)有限公司和河北省衡水交通运输集团有限公司联合建设了京津冀跨省客运联网售票系统,该系统连接了京津冀三地共24个客运站及近百个站外代理点。2008年,江西省长运股份有限公司加入联网系统,初步接入了南昌市5个客运站和2个站外代理点。

2009—2010年,交通运输部开展全国道路客运联网售票系统调研工作,调研内容包括道路客运联网售票发展现状及存在的问题、道路客运联网售票需求、国外道路及铁路民航客运联网售票发展现状、国内铁路民航客运联网售票发展现状等。2011—2013年,开展《全国道路客运联网售票系统建设与管理体制前期研究》,为全国道路客运联网售票系统建设提供了强有力的理论和标准支撑,形成2份报告、1套标准规范草案以及1份报部建议;2013—2019年期间,交通运输部持续推进全国道路客运联网售票系统建设工作,经历了建设期、运营期及提升期三个阶段,完成了示范启动、师范部署、省域系统建设、部省系统联网、夯实服务和提升服务等一系列工作,先后对各省省域联网售票系统的建设投资补助近3.5亿元,地方财政和企业配套资金约8亿元,2016年、2017年连续两年将其纳入交通运输服务民生实事。

从2013年启动省域道路客运联网售票系统建设至今,全国32个省份均已建成省域道路客运联网售票系统,全国二级及以上客运站联网售票覆盖率为98.7%,班次可售率达81%,2019年全年网上售票超过2亿张,售票金额超过百亿元,极大方便了群众便捷出行,取得了良好的社会效益。

为进一步提升联网售票服务水平,2019年全国交通运输工作会议正式决定,开展全国道路客运电子客票试点工作。2019年5月,交通运输部办公厅印发了《关于进一步提升道路客运联网售票服务水平的通知》,明确在天津、河北、山东率先开展道路客运电子客票试点工作。截至目前,津冀鲁三省市76%的二级及以上客运站完成电子客票试点联调,总数量达到218个,实现电子客票售票、检票、退票,统一了电子凭证与纸质凭证,71个客运站开通了线下电子客票售票窗口,试点期间累计生成电子客票254万张。

2)民航客票系统

20世纪80年代以前,我国民航主要采用手工方式售票,客票均为纸质,需要售票员手工填写姓名、航程等信息。伴随着计算机技术在国外民航领域的应用以及国内旅客量的快速增长,手工出票方式已经远远不能满足市场需求。

1986年7月,中国民航引进的计算机旅客服务系统国内航班订座业务首先在广州投入使用,随后陆续发展到其他城市,实现了航班管理和客票查询自动化。20世纪80年代末到90年代初,为支持民航改革与发展,中国航信对旅客服务系统进行了创新性的升级改造,从支持单一主体使用升级成支持多家航空公司并用,民航客票也由原来的单一客票发展到各航空公司拥有自己的客票。

1992年3月,民航计算机自动出票系统正式启用,实现了订座、出票操作一次性完成,使得民航销售系统向现代化、规范化方向又迈进了一步,提高了工作效率,改善了服务质量,并为票证管理、财务结算的自动化打下了基础。

1995年底,中国航信新建代理人计算机分销系统投入使用,机票代理可以通过机票分销系统销售各航空公司的客票。但由于受当时的管理模式所限,使客票的销售、财务结算以及各航空公司间客票签转都极为不便。

为解决以上问题,1999—2000年,中国航信进行了大规模的技术开发和客户培训工作,并充分利用其在各地分支机构的优势,完成标准化、统一化的中性客票在全国机票代理的推广应用。至此,民航客票结束了手工处理的历史,走向高效、规范的自动化发展轨道,满足了我国民航快速增长的旅客出行需要。

在这一时期,通过技术引进、消化与吸收,中国航信培养了一支熟悉计算机功能模块、源代码设计开发和测试维护的技术骨干队伍,不断根据中国民航自身的特点和要求,对应用软件、系统软件做了许多改善性能的修改和开发,同时,经过多年的积累和不断发展,一支年轻的、高素质、敢打硬仗的技术队伍在实践中快速成长起来。

2002年,中国民航总局开始制定中国民航电子客票标准,由中国航信承担具体起草工作,该标准于2003年正式颁布,引领我国民航信息化发展走向标准化和规范化。当时,电子客票在国内还是新生事物,推广电子客票需要面临来自多方面的压力。早在2001年10月,中国航信与深航合作,投产了自主研发的电子客票系统,首先实现了团体票的电子化,市场反应良好。2003年7月,中国航信与国航联手,正式开启了电子客票的规模化投产,南航、东航等也相继与中国航信合作,电子客票建设的大好局面从此全面打开。在此过程中,中国航信与国内各大航空公司、机场合作开展了大量工作。

在各方的通力支持下,电子客票得到顺利推广应用。2008年,中国民航在起步晚的情况下,后来居上,在世界上率先实现了100%的电子客票。

3)铁路客票系统

我国铁路系统于2011年开通了"www.12306.com"订票网站和"95105105"订票电

话,目前全国铁路售票系统都通过这一个平台、一个电话进行售票。在全国范围内实现了网上、电话预订,旅客网站购票后,应当或已经换取纸质车票的,只能凭纸质车票办理进、出站检票手续。使用二代居民身份证购票,并且乘车站或下车站都具备二代居民身份证检票条件的,可以使用二代居民身份证原件直接在车站自动检票机办理进、出站检票手续,不需换取纸质车票。中国国家铁路集团有限公司在2020年完成高铁电子客票的推广应用,启动普速铁路电子客票试点工作。

2. 信息互联互通情况

受体制机制、历史因素、技术原因及利益因素制约,我国铁路、民航、水路、公路电子客票信息的开放共享和互联互通仍然不充分,真正覆盖各种运输方式的一站式的综合客运服务信息平台仍然缺位。

目前,虽然部分运输企业向旅客提供了联程客票的购买服务,但尚未实现系统级的对接,只是开展空铁、公航、空海等旅客联程运输服务的相关运营企业之间通过不同的方式如手工作业模式等实现票务系统的信息交换,总体还处于初级阶段。旅客在多数情况下,查询班次时刻和进行购票支付时,仍需要通过不同运输方式的信息化系统进行操作,出行线路查询规划、客票预订和退改签,便捷性还有提升空间。

中国东方航空公司和中国铁道科学研究院达成合作协议,双方技术团队正在联合开发相关系统接口,对接航空客票和铁路客票数据,真正实现空铁客票系统的系统级对接,为东方航空旅客提供铁路客票的票务服务,这是我国综合交通电子客票信息互联互通的一个重大突破。

3. 信息服务现状

除运输企业外,很多互联网全球在线旅游公司 OTA 企业、互联网地图企业、联网售票企业、枢纽运营企业也提供综合性联运信息服务。

携程不但可以提供铁路、公路、民航等各种运输方式的查询和购票服务,同时也提供没有直达运输方式情况下,不同运输方式间优化组合运输方案推荐,旅客可以根据出行起点和目的地,选择运输方式组合,同时购买联运票。携程空铁联运信息查询界面如图 2-8 所示。

百度、高德等地图服务商,在原驾车路线查询和导航服务的基础上,提供"公交"出行方案,包括铁路和民航出行方案。

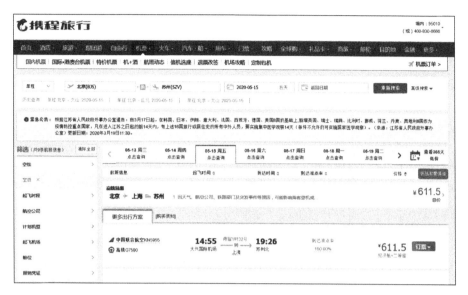

图 2-8 携程空铁联运信息查询界面

（四）联运市场现状

近年来,我国旅客联程运输市场蓬勃发展,涌现出一批联运市场经营主体,为我国旅客联程运输发展奠定了坚实基础。

目前,我国旅客联程运输经营主体按性质划分可以分为运输企业、枢纽场站单位及第三方经营企业三种。

1. 运输企业

运输企业是指开展旅客联程运输业务、提供联运服务的铁路、公路、水运、民航企业。单一运输企业通过扩展运输经营业务、与其他运输方式企业开展合作等方式,开展旅客联程运输业务。如国家铁路集团公司及其所属的铁路局通过与道路客运企业合作开展高铁无轨站建设,延伸铁路运输服务、方便未通高铁地区人民群众乘坐高铁出行。

铁路运输企业:目前,我国铁路运输企业以国家铁路集团公司一家为主,其他铁路运输企业大多较小。国家铁路集团公司目前正在积极推进高铁无轨站、空铁联运、铁路与城市轨道交通安检互认等旅客联程运输服务或模式。

民航企业:截至 2020 年底,我国境内共有运输航空公司 64 家,国航、东航、南航、海航四家是我国最大的民航企业,四家航空公司都不同程度地开展旅客联程运输服务,东航是最早开展旅客联程运输服务的企业,从 2011 年就与上海铁路局合作开展旅客联程运输服务。春秋航空等其他中小航空公司也不断创新联运服务。

道路客运企业：道路客运企业在交通运输主管部门的指导下，也积极与铁路、民航以及第三方互联网企业进行合作，开展公铁联运、公航联运，在旅客联程运输服务过程中，道路客运企业一般处于较为辅助的角色，主要为铁路、民航提供"最先或最后一公里"衔接服务。

2. 枢纽场站单位

枢纽场站单位是指管理或经营客运枢纽或场站的单位，可以是枢纽管理委员会等单位，也可以是枢纽场站的经营企业。枢纽场站单位为了拓展其服务范围和客源腹地，提高枢纽场站的竞争力，通过开通枢纽场站到周边地区的客运线路、在周边地区设置联运站点、优化枢纽场站内业务流程等方式开展旅客联程运输。如广州白云机场开通了直达深圳、东莞、惠州、佛山、清远、韶关、河源、肇庆、云浮、江门、珠海11个城市的跨城机场大巴线路，开展公航联运。

3. 第三方经营企业

第三方经营企业是指不从事客运经营或场站经营的企业。第三方经营企业一般为互联网售票企业、互联网信息服务企业、行李运输企业等。互联网售票企业主要为携程网、去哪儿网等平台，互联网信息服务企业主要有百度、高德、BUS365（提供道路客运售票，铁路、民航航班时刻查询）等企业，行李运输企业主要有顺丰等快递企业。

（五）联运政策现状

近年来，从中共中央、国务院、交通运输部到地方交通运输主管部门，相继出台了多份关于促进旅客联程运输发展的政策性文件，为旅客联程运输发展创造了良好的政策环境，初步形成了站位较高、任务明确、重点突出、特色鲜明的旅客联程运输政策体系。

2017年12月，交通运输部、国家发展改革委、国家旅游局、国家铁路局、中国民用航空局、国家邮政局、中国铁路总公司联合出台了我国第一份关于旅客联程运输发展的专项政策文件——《关于加快推进旅客联程运输发展的指导意见》，从服务设施、市场环境、服务品质、信息化建设、健全标准体系、组织保障等几个方面对我国旅客联程运输的发展提出了纲领性的要求。

2019年9月，中共中央、国务院印发《交通强国建设纲要》，提出要"基本形成全国123出行交通圈（都市区1小时通勤、城市群2小时通达、全国主要城市3小时覆盖），旅客联程运输便捷顺畅"。

此外,山东、江苏、黑龙江等地也根据中央和交通运输部相关文件精神,结合地方实际特色和需求,出台了本地的关于推进旅客联程运输健康发展的政策和指导意见。

专栏 2-8：2016 年春运期间旅客联程运输服务试点

2016 年春运期间,交通运输部运输服务司印发《关于在 2016 年春运期间组织开展旅客联程运输服务试点工作的通知》(交运便字〔2015〕297 号),组织有关地区和企业在 2016 年春运期间开展首批旅客联程运输服务试点工作。试点工作坚持协同创新、开放共享、试点先行、以点带面的工作原则,统筹调动铁路、公路、民航运输企业及第三方网络平台等各方资源,探索联程运输服务新举措,并通过春运重点时段检验评估联程运输服务新模式。重点围绕空铁联运、公铁联运等不同运输方式组合,组织开展不同类型的试点示范,为旅客提供多元化出行选择和一体化运输组织方案,创新基于第三方网络票务平台的联程运输服务展示方式和跨方式购票一次性支付模式。首批试点包括 5 大类服务模式,由 10 家实施单位具体推进实施。

一是鼓励线上平台一体化售票服务模式。组织百度快行、携程网等第三方平台和甘肃省道路客运联网售票平台,通过优化票务系统、创新售票方式,为旅客提供空铁联运、公铁联运、道路运输联程接驳等多元化出行选择方案。

二是发展民航机场空铁联运服务模式。组织中国东方航空公司、天津滨海国际机场,加强与铁路部门合作,将铁路车次作为民航服务延伸虚拟航段,专设空铁联程服务柜台,为旅客提供"一票到底"航空服务联运产品。

三是创新综合客运枢纽公铁联运服务模式。组织百度快行与新国线运输集团合作,依托安徽省黄山高铁综合客运站,通过线上联网售票,线下专设联程通道,提供线上线下融合的公铁联程运输服务。

四是优化城市候机楼空巴联运服务模式。组织杭州东站、无锡汽车客运站等城市候机楼,探索开展票务信息查询、值机手续办理、行李托运直挂的"一站式"服务,推动公路客运与民航的无缝化衔接。

五是打造移动互联定制式联程服务模式。组织江苏大运集团,充分依托移动互联网技术和运力资源,推送城际定制快车、定制巴士、机场巴士、运游结合等定制式、多元化出行服务产品。

（六）联运标准现状

1. 标准化工作

目前,我国旅客联程运输领域的标准化工作由全国综合交通运输标准化技术委员会负责牵头管理,秘书处设在交通运输部科学研究院。

2016年4月,交通运输部向国家标准化管理委员会正式提交"全国综合交通运输标准化技术委员会筹建申请书";同年9月,国标委组织召开筹建专家评审会,对申请筹建的全国综标委进行了专家评审;2017年2月,国标委对全国综标委进行了筹建公示;同年6月,国标委印发了《国家标委会办公室关于筹建全国综合交通运输标准化技术委员会的复函》(标委办综合〔2017〕102号),同意由交通运输部筹建全国综标委;2018年3月,国标委对全国综标委进行了成立公示;5月25日,国标委印发《国家标准委关于成立全国综合交通运输标准标准化技术委员会等4个技术委员会的公告》(2018年第6号),正式公告成立全国综合交通运输标准化技术委员会。

全国综合交通运输标准化技术委员会编号为SAC/TC571,英文名称为National Technical Committee 571 on Comprehensive Transportation of Standardization Administration of China,主要负责两种及以上运输方式协调衔接和共同使用(包括综合客运枢纽、综合货运枢纽、符合通道和交叉实施、旅客联程运输、货物多式联运衔接、运载单元、专用载运工具、快速转运设备、换乘换装设备及统计、评价、安全应急与信息化等)领域国家标准制修订工作。

全国综合交通运输标准化技术委员会由交通运输部负责日常管理和业务指导,由56名委员组成,来自交通运输部、国家铁路局、国家邮政局、中国民用航空局、中国国家铁路集团公司,以及全国部分省级交通运输主管部门、国家级交通运输科研院所、行业企业。

2. 已制定标准

综合交通运输标准体系(2015年)中旅客联程运输标准的共有9项,分别是旅客联程运输术语、旅客联程联运站名代码共享规则、旅客联程联运客票票样、旅客联程联运行李票、旅客联程联运服务质量要求、旅客联程联运服务流程规范、旅客联程联运行李运输服务规范、旅客联程联运客票条码格式和技术要求、旅客联程联运电子客票。

已发布标准情况：全国综合交通运输标准化技术委员会已组织制定和发布了《旅客联程运输术语》（JT/T 1109—2017）、《旅客联程运输服务质量要求　第 1 部分：空铁旅客联程运输》（JT/T 1114.1—2017）和《旅客联程运输服务质量要求　第 2 部分：公航旅客联程运输》（JT/T 1114.2—2018）三项旅客联程运输领域的行业标准。

《旅客联程运输术语》（JT/T 1109—2017）于 2017 年发布，该标准规定了旅客联程运输活动中的基础术语，以及联运旅客、联运行李、联运客票、旅客联程运输生产组织和旅客联程运输信息系统的术语及定义，适用于通过两种或两种以上对外运输方式进行的旅客运输业务领域。

《旅客联程运输服务质量要求　第 1 部分：空铁旅客联程运输》（JT/T 1114.1—2017）于 2017 年发布，规定了空铁旅客联程运输服务设施设备要求，以及运营、票务、行李和信息等服务方面的要求，适用于民航与铁路旅客联程运输业务。

《旅客联程运输服务质量要求　第 2 部分：公路航空旅客联程运输》（JT/T 1114.2—2018）于 2018 年发布，规定了公路和航空旅客联程运输服务场所及设施设备、运营服务、票务及行李服务以及信息服务等方面的要求，适用于中华人民共和国境内道路客运和民航客运旅客联程运输业务。

此外，《综合交通电子客票信息系统互联互通技术规范》也将于 2020 年发布，该标准规定了铁路、公路、水路、民航电子客票信息系统互联互通的基本要求、业务功能、数据交换内容和系统数据接口，适用于铁路、公路、水路、民航电子客票信息系统之间以及与第三方票务服务系统之间的数据资源与客票销售接口的互联互通，以实现跨运输方式客票服务功能。

3. 制修订需求

1）完善旅客联程运输服务质量要求标准体系

现行《旅客联程运输服务质量要求》（JT/T 1114）已发布前两部，即空铁、公航联运。近两三年来，我国公铁联运、高铁无轨站发展迅速，潜力巨大，各省市需求和意愿较为强烈，黑龙江省更是印发了我国首个公铁联运无轨站建设的专项实施意见，因此公铁联运相关服务质量提升和建设需要得到足够的重视。未来，需要以起草《旅客联程运输服务质量要求　第 3 部分：公铁旅客联程运输》为契机，进一步完善旅客联程运输质量要求标准体系，丰富旅客联程运输的形式和内涵。

交通运输部正在组织制订《旅客联程运输服务质量要求　第 3 部分：公铁旅客联程运输》，该标准拟规定公路和铁路旅客联程运输服务场所及设施设备、运营服务、票务及行李服务及信息服务等方面的要求,适用于中华人民共和国境内道路客运和铁路客运旅客联程运输业务。

2）深化旅客联程运输票务服务标准

"一站式购票""一票式出行"是旅客联程运输的典型特征,随着各运输方式电子客票的加速推广和广泛应用,以及《综合交通电子客票信息系统互联互通技术规范》的发布实施,旅客联程运输票务服务方面的标准需要进一步地进行深化,从统一思想、统一底线、引领方向的定位,向规范实施和技术层面工作的定位转变,争取在特定联运模式、特定应用场景条件的客票系统信息开放共享和互联互通标准制修订上取得进一步的成果和突破,使旅客联程运输客票服务工作能够健康稳步地持续推进下去。

3）填补行李直挂运输标准空白

"行李直挂运输"是旅客联程运输的另一个重要典型特征,直接影响旅客的出行体验。虽然目前国内行李直挂运输服务还处在萌芽阶段,还存在诸多挑战,但也同时伴随着巨大的机遇。我们应当抓住这个空白期、真空期,在充分深入调研的基础上,推出行李直挂运输领域的系列标准,夯实行李直挂运输领域的各项工作,填补标准体系的空白,制定包括行李射频识别技术（RFID）、跨运输方式行李转运服务质量要求、跨运输方式行李安检规则、行李运输赔偿规则等一系列标准,同时促进相关尖端技术装备的研发和应用。

三、旅客联程运输存在问题

（一）客运枢纽联运功能方面

1. 独立规划建设，客运枢纽难以实现一体化衔接

现有综合客运枢纽建设缺乏统一的协调机制。综合客运枢纽是旅客联程运输的换乘节点,公路、铁路、水路和航空节点的建设缺乏沟通机制,虽然目前实现了大部门制,相应基础设施在规划和建设方面仍然较为独立,综合客运枢纽在处于同一运输通道、线位走向一致的情况下,未实现一体化规划、设计、建设、运营。在旅客联程运输过程中,在同一建筑的不同建筑体之间换乘旅客仍然需要行走较远距离,并不是真正意义上的一体化换乘。

联运基础设施投资运营分属不同的主体,难以实现综合客运枢纽的一体化规划、设计、建设、运营。在旅客联程运输的换乘节点，各种运输方式都各自进行自己的基础设施建设，缺乏统一的投资主体，难以实现节点的一体化衔接。

2. 独立运营，难以提高旅客联程运输换乘效率和服务水平

现有综合客运枢纽中各种运输方式之间仍然各自经营，相互之间没有交叉，如通过航空换乘铁路的旅客，机场到达的旅客仍然需要取完行李之后到铁路站进行二次安检；铁路发班时间和航空班次不匹配，通过铁路换乘航空出发的旅客，往往需要提前几个小时到达机场，因为铁路班次与航空班次不匹配，无法满足旅客及时到达机场的需求。

3. 部分机场无客运站资质，跨省班线审批环节多、效率低

现有的公航联运主要发生在城市群之间，由卫星城市运送旅客到核心城市机场。按照《中华人民共和国道路运输条例》《道路旅客运输及客运站管理规定》的规定，开通城际间的客运班线，起讫点必须是客运站，巴士线路如果按照道路客运班线审批，则机场端必须具有等级客运站资质，现有机场建设初期很多机场并没有配备相应等级客运站，因此按照道路客运班线经营的公航联运不具备运营条件。

公航联运巴士线路审批流程烦琐，按照道路客运班线审批的公航联运线路及《中华人民共和国道路运输条例》，需要双方所在地经营企业同意设立后，报同级交通运输主管部门申请，再报上级主管部门许可。某一个环节有障碍，这条线路就无法开通，导致很多公航联运巴士线路开通非常困难，造成公航联运的不便。

4. 公铁互设售票窗口和售票机缺乏统一的协调机制和规章制度的支持

铁路售票窗口和售票机在公路售票窗口设置则存在很多问题。首先，铁路12306系统售票全国"一张网"，所有的售票机、窗口都是通过这"一张网"售票，不设置任何中间环节，铁路售票窗口和售票机在公路窗口设置也必须联网到12306，基础网络的布设需要相应的投资，这涉及路局的投资意愿问题。其次，在公路售票窗口设置铁路售票窗口和售票机，并无铁路相关法律条文或规章制度保障路局合法权益。

（二）联运票务方面

1. 各种运输方式定价机制不同，旅客联程运输客票票价难以统一清分结算

民航票价和铁路、公路票价的定价方式不一样，民航是根据市场定价、与出行的淡季旺季、出行的紧迫程度有关,铁路和公路虽然名义上实行市场调节价,但实际上,灵活的调价机制仍不完善。当旅客选择两种运输方式联运时,单一票证情况下票价如何定及遵循何种定价规则需要协调统一。

当旅客购买一张联运客票时,民航客票、铁路客票、公路客票等各种运输方式票款体现在一张票证上,由一家售票时就存在和另外一种运输方式的清分结算问题,如何清分结算需要协调统一。

2. 各种运输方式票务系统相对独立,旅客选择联运客票退改签难以操作

当旅客购买一张联运客票时,当上段行程取消或者延误需要进行退改签时,下一段行程也需进行相应操作,限于目前现状很难协调统一,需要旅客提前两天进行退改签,超过时间限定则无法操作或者无法保证下一段行程的顺利进行。

3. 公路没有实现实名售票带来理赔、责任等问题

目前航空售票系统统一为开放式接口,航空公司和机场及代售点都是使用中航信的售票系统。铁路12306售票系统为铁科院开发的售票系统,任何个人和代售点都必须进入这个平台购票,没有任何中间节点。目前,全国道路客运电子客票和实名制售票系统尚未全面推行,各地票样差别也很大。带来旅客联程运输过程中责任划分不清、出现问题无法追溯理赔等问题。

4. 跨运输方式票务信息不共享

铁路客运由于运能仍不足,内部缺乏竞争,售票系统与运营调度系统并行运行,安全性要求较高(安全等级保护一级)等因素,与其他运输方式或第三方互联网售票平台合作的意愿较弱,是现阶段票务信息互联互通最大的制约因素。

道路客运联网售票系统建设采取"分省建设,逐步联网"的模式,现阶段系统较为分散,且接口标准不一,与铁路、民航售票系统不对等,很难实现与铁路和民航售票系统对接。

(三)联运行李运输方面

1. 空铁联运铁路运输段很难实现行李直挂

通过调研发现,长三角地区和京津冀地区,由于高铁网和车次密集,列车停靠时间短,反而导致空铁联运行李直挂无法在高铁上实现。

现阶段,由于我国铁路客运货运分属两套设计体系,客运铁路因未涉及铁路设置专用区域(车厢)和专用作业通道进行以及站台配套设施等问题,暂时无法实现高铁行李直挂服务。通过调研发现,目前我国所有高铁站都未建设专业的行李托运作业通道和站台,因此短时间内我国铁路行李直挂存在一定难度。由于快捷运输在世界铁路货运中一直属于附加值最高的货运品种,2018年我国尝试通过对现有车厢改造行李专用区,而且伴随着高铁实现客货混运以及高铁客运站台货运作业通道的改造,旅客联程高铁段将实现与其他方式联运的行李直挂服务。

2. 旅客联程运输中行李安检成本高,推广不易

目前,天津机场、携程网等已开展行李直挂服务,均与指定合作方开展了行李直挂业务。乘客可以提前一定时间将行李交付第三方行李托运公司,但由于行李到达机场后需二次安检所导致的行李安检成本增加,因此旅客联程运输中行李直挂服务推广程度受到一定程度的影响。

为了保障行李的安全和运输时间,选择合适的行李承运人是一个关键性的问题,行李直挂问题主要看行李托运承运方是机场方还是第三方行李托运主体。如果运营主体是机场方,那么行李托运一站式服务方可解决安检问题,但如果是非机场方,由于安检责任划分问题,行李托运直挂难以解决。

(四)联运信息共享方面

1. 跨运输方式运营信息不共享

长期以来,铁路、公路、民航系统运营调度相对独立,不同运输方式间的运营线路(航线)开通、调整,运行时刻的变化,航班(车次、班次)的晚点信息,航班(车次、班次)的临时变更信息以及应急信息都不能实现有效共享,未建立长效信息共享机制,给旅客联程运输的开展制造了较大困难。

2. 跨运输方式服务信息不共享

跨运输方式的综合交通出行信息服务平台尚未建立,旅客联程运输服务信息整合力度不够,跨运输方式出行需要从不同渠道查询获取信息,道路客运服务信息过于分散,旅客很难快速、准确地找到有效的服务信息。

3. 缺乏客运信息互联互通标准规范

目前,在各运输方式售票系统、信息服务系统等客运相关信息系统建设过程中,没有充分考虑与其他运输方式的信息开放与共享,缺乏相应的建设标准规范性要求。同时,在综合客运枢纽信息系统建设、各省市综合交通运行调度指挥中心(TOCC)建设过程中,也缺乏行业标准规范的指导,导致目前综合客运枢纽、综合交通运行调度指挥中心中客运相关信息无法有效共享。

(五)联运发展环境方面

1. 交通运输体制机制改革仍需深化

交通运输大部制改革已经实施十几年,但铁路、公路、水路、民航、邮政间的体制机制仍然没有完全理顺,铁路、民航仍然保留了原有行业垂直管理的体制,各地交通运输主管部门则采用的是属地管理,增加了实际工作中的协调成本,阻碍了旅客联程运输的发展。

2. 道路运输既有管理规定仍需调整完善

《中华人民共和国道路运输条例》《道路旅客运输及客运站管理规定》等道路运输行业管理规定的部分条款一定程度上限制和阻碍了道路客运企业参与旅客联程运输服务,尤其在公航联运服务中体现明显。比如开行机场大巴必须在机场建设等级客运站提高了机场的运营成本和门槛;跨省客运班线审批流程烦琐,需要双方省份各级运输管理部门层层审批;班线夜间停运的规定限制了机场针对夜间到达旅客的联运发展,凌晨到离港航班旅客集疏运出现断档;机场大巴按照客运班线定点定班的规定,开行的效率不高,不能适应繁忙机场即到即走的集疏运要求。

3. 铁路、公路运营不灵活

从欧美发达国家在旅客联程运输上的先进经验来看,各运输方式服务主体的充分市场化是顺利开展旅客联程运输服务的一个重要的保障条件。目前国内民航业的市场化程度较高,航空公司在市场中进行充分的竞争,甚至与高铁竞争,依靠灵活的定价和相对应的差异化高品质服务吸引旅客。但铁路和道路运输行业一直以来由于体制和历史原因,企业在客票定价、班线车次开行等经营活动上的决定权十分有限,行业市场化程度较低,一定程度上影响了公路、铁路与其他运输方式主体开展深入有效的商业合作,无法为旅客提供有吸引力的联运产品。

4. 第三方服务主体培育不充分

客运市场中,除铁路、航空、道路运输企业等传统承运主体外,还出现了在客运服务上进行有益尝试且在技术、资金、体制、资源整合等方面具有明显优势的第三方市场主体,它们一定程度上填补了传统服务主体的服务短板和死角,推动了客运服务的市场化进程。

但目前这些第三方服务主体更多扮演配合补充的角色,提供的服务有限尚未形成体系,与传统服务主体的竞争合作关系尚未理顺,双方责任划分不清。同时,第三方服务主体提供旅客联程运输服务的利润目前较少,未来的商业模式尚不清晰。

四、我国旅客联程运输发展总体评价

结合我国旅客联程运输发展调研和现状分析以及与国外旅客联程运输发展水平进行比较,初步判断,目前我国旅客联程运输总体处于初级阶段和中级阶段之间,接近中级阶段。与国外旅客联程运输发展水平相比,我国旅客联程运输发展处于并跑阶段,安检互认、城市候机楼、高铁无轨站等处于领先水平。

(一)旅客联程运输在城市群区域蓬勃发展且需求旺盛

调研发现,目前在京津冀、长三角、珠三角、粤港澳大湾区等典型城市群中,旅客联程运输发展相对蓬勃,旅客跨方式联程出行、客运企业发展旅客联程运输的需求较为旺盛。调研显示,一些大型航空公司将旅客联程运输确定为在城市群地区发展重要战略,积极拓展与铁路、公路、港口开展空铁、公航、海空联运服务;基于城市候机楼开展公航旅客联程运输也成为道路客运企业转型升级、改革创新的重要举措。同时,随着城市群高铁网络以及城际轨道网络的进一步完善,城市群发展空铁旅客联程运输的条件将更为成熟,在"十四五"乃至未来的一段时间内,旅客跨方式联程出行将更为常见,旅客联程运输将迎来进一步的充分发展。

(二)相关企业开展了旅客联程运输服务模式的创新和实践

通过长三角、京津冀、珠三角的调研,我们了解到目前在体制还没有充分融合的前提下,企业自主通过机制的衔接,大胆地进行了一些创新,充分利用现代信息技术等手段,开展了空铁旅客联程运输、公航联运、空海联运、第三方旅客联程运输等众多形式的旅客联程运输服务,对旅客联程运输服务进行了有益的探索。

(三)市场上出现了一些较为典型和领先的联运服务形式

调研发现,东方航空公司通过将铁路、公路车(班)次以虚拟航班的形式纳入航空售票系统中,实现了在售票系统中购买铁路、公路车(班)次的"一站式售票",旅客出行只需要通过东航售票服务就可以买到空铁、公航联运客票;杭州萧山机场在浙江省内城市设置了城市(异地)候机楼,通过配备安检设备、行李运输人员,实现了旅客公航联运出行的行李直挂运输,旅客通过在候机楼办理行李托运手续,就可以在目的地机场提取行李,省去了在中间机场转运行李的麻烦。此外,深圳市开展的空海联运、行李直挂也都是比较典型的联运服务模式。

(四)政府与市场逐步形成共同推进旅客联程运输发展的共识

调研发现,部分省份,特别是经济发达省份(如江苏省),政府越来越关注推进旅客联程运输的发展,一方面是因为发达省份各运输方式发展都较为充分,运输发展已经到了一个追求组合效率提升的阶段;另一方面,发达省份在发展运输问题的意识和思考上也相对超前。而发达省份运输企业的市场化嗅觉也更为灵敏,特别是道路运输企业和民航企业,在高铁和城际轨道发展的新形势下,锐意改革,都将旅客联程运输作为新一阶段业务突破和发展的战略重点。政府和市场在发展旅客联程运输问题上已经慢慢达成了共识。

(五)未来发展旅客联程运输的条件较为充分且趋势明显

从政策层面,国家制定了系列规划,明确提出未来发展旅客联程运输的要求和目标,而"十四五"期间,国家还将继续大力推进城市群建设,加强城市群城际轨道网络建设,交通领域也将继续推进综合客运枢纽建设,这些都将为发展旅客联程运输提供有利条件;研究发现,民航企业、道路客运企业受到新形势下高铁、私人小汽车发展的冲击,都在为促进客运业务长效发展寻找新的可靠路径,都将发展旅客联程运输作为未来企业发展的一项重点战略去推进,未来发展旅客联程运输必将成为大趋势。

五、本章小结

本章在对我国旅客联程运输充分调研的基础上,梳理了我国旅客联程运输发展基础,分析了我国联运设施、联运服务、联运信息化、联运市场、联运政策、联运标准六个方面的发展现状,从客运枢纽联运功能、联运票务、联运信息共享、联运发展环境五个方面剖析了我国旅客联程运输发展存在的问题。最后,对我国旅客联程运输发展进行了总体评价。结论显示,我国旅客联程运输需求旺盛,目前联运市场也初步形成,旅客联程运输发展刚刚起步,政府和市场逐步形成了共识,旅客联程运输发展未来可期。

CHAPTER HTREE 第三章

我国旅客联程运输发展模式

一、空铁联运

（一）空铁联运概念

空铁联运指将铁路（包括高速铁路、普速铁路、城市轨道交通）与民航运输网有效衔接，形成空铁一体化运输网络，为旅客提供高效便捷的联运服务，服务主体一般包括航空公司、机场集团、铁路部门、城市轨道交通公司等。

（二）空铁联运特征

空铁联运是一种较为先进的旅客联程运输模式，重点服务较为看中时间成本的高端旅客，它使得民航和铁路尤其是高铁这两种运输效率最高的运输方式完美地结合。调查问卷显示，约67.92%的旅客长途运输时主要考虑行程时间的因素；愿意选择空铁联运出行的旅客数量占比、开展空铁联运服务的企业数量占比均排名第2，东部发达地区的旅客更愿意选择空铁联运出行。这一方面说明空铁联运的潜力巨大，另一方面说明，由于民航和铁路本身的服务水平较高，空铁联运将成为高端综合运输服务肥沃的试验田，其商业附加值也较为可观。

（三）空铁联运类型

从票务服务来看，空铁联运主要包括以下两种。

1. 基于"虚拟航班"的空铁联运服务

"虚拟航班"型空铁联运服务的典型案例是东方航空"空铁通"产品，航空公司通过向国际航空运输协会（International Air Transport Association，IATA）申请铁路车次和站点的航空代码，将铁路班次通过"虚拟航班"的形式，录入民航售票系统，铁路段运输航空公司不实际承运，对应的机型为火车（TRN）或公共汽车（BUS）。乘客可直接通过航空公司服务电话或官网购买一张包括两段行程的民航客票并完成报销，铁路段出行则由乘客凭身份证去火车站指定窗口领取火车票完成。这种模式解决了旅客机票、车票一站式购买，购买更方便；也将铁路段、巴士段放在各海外民航全球分销系统（Global Distribution System，GDS）进行销售，销量范围更为广阔。

2. 基于"捆绑销售"的空铁联运服务

目前国内大多数空铁联运服务均为"捆绑销售"的空铁联运服务，其主要特点是将铁路客票作为航空出行的一段附赠，旅客可以通过航空公司官网查询空铁联运服务产品，在购买民航机票后获赠一张联程铁路客票，旅客不需自行购买火车票。以京津冀为例，2018年，这种模式的空铁联运客运量占各地航空公司全年吞吐量7%~8%，其中石家庄机场空铁联运旅客达到占比10%，进出北京地区的旅客占比近三成。

（四）发展现状及案例

目前，全国开展空铁联运条件较好的机场有16个，具体信息如表3-1所示。

全国开通空铁联运服务条件较好的机场　　　　表3-1

序号	机场名称	衔接铁路	铁路设计速度(km/h)	衔接模式
1	北京大兴	京雄城际	350	站楼一体化
2	上海虹桥	京沪高铁	350	GTC模式
3	石家庄正定	京广高铁	300	接驳模式
4	太原武宿	石太客专	300	接驳模式
5	长春龙嘉	长吉城际	250	分离模式
6	郑州新郑	郑州城际	250	GTC模式
7	武汉天河	汉孝城际	200	GTC模式
8	海口美兰	海南环岛	250	分离模式
9	成都双流	成绵乐城际	250	接驳模式
10	贵阳龙洞堡	市域快铁	250	分离模式
11	兰州中川	兰中城际	160	分离模式
12	呼和浩特白塔	呼张高铁	250	接驳模式
13	银川河东	银兰高铁	250	接驳模式
14	吐鲁番交河	兰新高铁	250	接驳模式
15	三亚凤凰	环岛高铁	200	分离模式
16	揭阳潮汕	梅汕高铁	250	分离模式

2018年5月10日，中国民用航空局与中国国家铁路集团有限公司签署推进空铁联运战略合作协议，双方在完善空铁联运基础设施、创新空铁联运产品、提升空铁联运服务、扩大空铁联运信息共享、推动空铁联运示范工程5个方面展开合作，促进综合运输服务一体化发展。双方将引导支持民航和铁路企业之间开展深度合作，设计开发联程运输产品，实现旅客"一站购票"，研究联程运输票价优惠政策、联运旅客行程延误解决方案、

退改签制度和票款清算机制,加强常旅客计划、特殊旅客保障等方面的合作。双方鼓励航空公司、机场、铁路车站在联程服务方面创新服务流程、丰富服务内容、拓展服务范围、完善联合应急保障措施;优化空铁联运机制下的列车与航班计划编排;根据需要在机场、车站互设中转服务中心,互相提供抵离信息;在有条件的情况下,铁路对机场到达转乘火车无托运行李的旅客免除安检等服务。此外,双方扩大空铁联运信息共享,共同推进民航、铁路建立多层次沟通联系机制,建立信息通报制度,加强对联程运输数据信息的共享、分析和研究。双方以点带面推进空铁联运发展,推进空铁联运示范工程,共同打造深受广大人民群众欢迎的空铁联运品牌。

专栏 3-1:东方航空空铁联运

东航是比较早就在探索旅客联程运输的航空公司,目前东航旅客联程运输主要有以下三种方式。

➤ 在欧洲地区,通过东航与德铁(Deutsche Bahn,简称 DB)签署买卖协议(Sale and Purchase Agreement,简称 SPA),进行联运合作。

东航与德铁的合作早在 2012 年就已开始,双方在签订 SPA 联运协议后,即可设计并销售"飞机+德国境内铁路联运"产品。选乘东航实际承运、以法兰克福为始发/到达站航班的旅客,在预订航空段客票的同时,可预订德国境内法兰克福机场火车站至汉诺威、科隆等德国国内火车站双向铁路客票。

通过空铁联运产品将德国铁路班次以虚拟航班形式录入订座系统(虚拟航班号 9B,虚拟目的地代码 QYG),并在机票订座系统中实现铁路运输段的销售。旅客通过东航境内外各营业部、所辖代理人购买东航法兰克福出发或达到的机票时,均可同时完成德国境内铁路段的预订。旅客只需凭出票时获得的取票编号(PICK UP NBR)在乘坐日期前 3 日之内登陆德铁官网打印火车票二维码,或是在当地火车站自助服务机上打印火车票即可乘车。2014—2018 年东航与德铁联运数据见表 3-2。

2014—2018 年东航与德铁联运数据 表 3-2

年份	总人数	一等座	二等座	成人	儿童
2014	14712	1457	13087	14544	168
2015	11539	1372	9946	11318	221
2016	9210	1486	7587	9070	140
2017	7454	1321	6133	7287	167
2018	8952	2122	6730	9057	212

➤ 在中国大陆地区,东航分别与各地区铁路局和道路客运企业合作,采用"虚拟航班"模式发展旅客联程运输。

2012年4月12日,东航集团与上海铁路局签署战略合作协议,同时东航股份与上海铁路局签订了"空铁联运"产品合作协议,共同推出了国内首个空铁联运产品——"空铁通"。中国的高铁和民航两种现代化交通运输方式第一次真正"牵手",从此旅客购买"空铁通"产品可以方便地实现航空与铁路的衔接转运,开创了中国空铁联运的全新模式。

产品推出以来,由最初以上海虹桥枢纽为中心的长三角地区"空铁通"拓展至以武汉、兰州等城市为中心的空铁联运(表3-3),且联运模式进一步拓展到航空与巴士的合作。形成了以浦东机场、广州、武汉、重庆、南昌、合肥、长沙等地为中心的"空巴通"产品。虚拟航站由上线之初的5个站点拓展至现在的50余个站点。每日执行虚拟航班由50班增至近500班。2015—2018年,累计发送联运旅客30余万人次(图3-1)。

东航"空铁通"大陆地区开通区域及站点　　　　　表3-3

开通区域	站点名称	班次(天)
上海虹桥(华东三省一市)	上海虹桥至常州、丹阳、杭州、合肥南、嘉兴南、昆山南、南京、宁波、苏州、台州、桐乡、温岭、无锡、义乌、镇江	210
宁波(浙江省)	宁波至台州	5
武汉(湖北省)	武汉至荆州、潜江、天门南、信阳东、宜昌东	51
兰州(甘肃省)	兰州机场至兰州东、兰州西	20

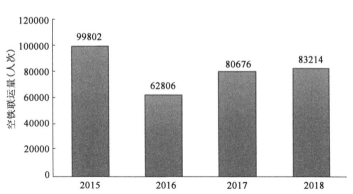

图3-1　2015—2018年东航大陆地区空铁联运量统计

这种模式也是借鉴了东航与德铁的合作模式,也是将中国的铁路车次以虚拟航班的形式录入机票订座系统,进行联运销售。但与德铁合作模式又有所不同,这些"虚拟航班"的实际承运人并没有二字代码,而直接使用了东航"MU"二字代码与东航的航班号作为地面运输企业的运营车次。

旅客通过东航境内外各营业部、所辖代理人购买东航实际承运(781客票)并开通联运产品城市的出发或达到机票时,均可同时完成中国境内铁路段、公路段的预订,做到了"一次订座、一票到底"的联程运输产品。届时在地面运输段当日,旅客可以凭购票时所使用的有效身份证件原件在高铁站的指定地点换取火车票,空铁联运产品成功实现了东航航班与境内铁路运输间的衔接转运,不仅拓展了东航的运输网络,也为旅客出行提供更为便捷无忧、多元化的选择。

➢ 在中国台湾地区,东航与台湾高速铁路公司(以下简称"台铁公司")以系统对接方式开展联运合作。

东航与台铁公司进行合作,双方进行了系统对接,在东航台湾官网上开设空铁联运专区。旅客如需购买台湾地区铁路联运客票,可以在列车班期前28天内登陆联运专区,输入东航781客票号后即可以优惠价格加购联运台铁公司车票,并获预订代码与取票授权码。旅客可以上述凭证在高铁出发前24小时前往台铁公司的自助售票机、柜台或授权售票处打印高铁车票。东航"空铁通"在我国台湾地区开通区域及站点主要有台北至北板桥、桃园、新竹、台中、嘉义、台南、高雄、苗栗、彰化、云林等所有台铁公司沿线站点,发送旅客15万人次(图3-2)。

图3-2 2016—2019年东航台湾地区空铁联运量统计

专栏3-2:北京大兴国际机场空轨联运

北京大兴国际机场借助机场快线与京雄城际、R4线、预留轨道线、城际铁路联络线共同构成北京大兴国际机场综合交通中心,真正实现机场与轨道交通之间零距离换乘、无缝隙衔接。

乘客通过河北航空、南航、东航等各家航空公司的官方购票渠道购买空轨联运产品,其中地铁段票价享受八折优惠。乘客在地铁草桥站值机后乘坐轨道交通到达机场后可以通过电梯直接抵达北京大兴国际机场 B1 层通过安检后进入登机口(图 3-3)。

图 3-3　地铁草桥站及乘客安检示意图

专栏 3-3:石家庄正定国际机场空铁联运

伴随京广高铁全线贯通,正定机场高铁站投入使用,河北机场集团通过整合优化铁路、航空资源,在华北地区率先推出了"石家庄机场空铁快线"产品。

➢ 空铁联运量突破 10%

2018 年实现石家庄正定国际机场旅客吞吐量 1133.3 万人次,同比增长 18.3%,空铁联运量达到 10%,其中进出北京地区的旅客占比近三成。

➢ 设立城市候机楼

高铁正定国际机场站专设了 1500 平方米空铁联运换乘服务区,作为石家庄正定国际机场高铁站候机楼,可为旅客提供购票、航班动态查询、值机、候机、候车、隔夜换乘住宿等服务。旅客可以通过机场免费摆渡车到达候机楼,接驳时间不足 5 分钟,摆渡车辆由冀运集团运营。正定国际机场空铁联运示意图如图 3-4 所示。

➢ 辐射范围

为充分满足空铁联运旅客乘机需求,北京铁路局积极调整高铁正定国际机场站停靠列车车次和时间,日常每天停靠车次 30 趟,高峰期间每天 34 趟。石家庄正定国际机场空铁联运辐射至京广、津保线上的天津、保定、邯郸、邢台、太原、郑州等 20 余个城市,旅客流向覆盖石家庄机场通航的 51 个城市,主要为重庆、成都、广州、上海、西安、昆明、厦门、杭州、深圳、大连等公务、商务和旅游热门城市。

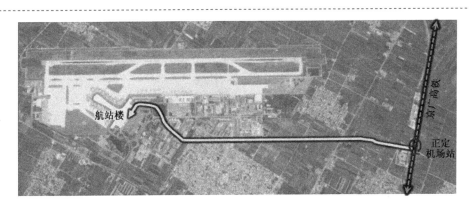

图 3-4　石家庄正定国际机场空铁联运示意图

二、公航联运

（一）公航联运概念

公航联运指航空运输与公路运输之间协作的一种联合运输方式，旅客在机场降落后可乘坐汽车前往机场附近的目的地，或乘坐汽车从出发地到达附近机场后乘坐飞机前往目的地，运营方一般为机场和道路客运企业。

（二）公航联运系统构成

公航联运系统的基本构成主要有以下几部分。

1. 公航枢纽设备设施

公航交通枢纽中，为了方便联运乘客快速高效换乘，应当设立专用的值机、票务柜台以及快速安检通道环节，并在醒目的位置安装相应的引导标识，或配备一定数量的引导人员，最大限度地提高旅客换乘效率。

2. 信息平台

公航联运信息系统一般是以其他运输方式现有信息化系统为基础开发出适用于公航联运的技术管理模块，包括售票模块、订座系统、清分系统和决策支持系统等。

3. 联运组织

在公航联运的组织中,尽量保持旅客换乘过程的顺畅,为公航联运旅客提供特殊的换乘服务。东方航空公司的"空巴通"在旅客换乘过程中,在"空巴通"旅客服务专柜可享受优先服务,并可以免费在机场贵宾休息室休息。

公航旅客联运组织过程涉及城市公交系统、道路长途客运系统和航空系统。在"公路—航空"联运组织过程中,联运旅客在出发地 A 城市首先通过城市公交系统(包括公交、地铁、出租)到达 A 城市道路运输枢纽(汽车站),可选择在该站候机楼办理购票、退票、值机等手续;然后通过道路客运到达 B 城市的城市道路运输枢纽(车站)(如果未在 A 城市道路客运站候机楼办理相关手续的旅客同样可在该站进行办理),通过机场联络线(地铁或摆渡车)到达 B 城市机场,如果 B 城市建有公航枢纽,则直接通过枢纽内部换乘到达 B 城市机场;通过航空方式由 B 城市到达 C 城市机场(或公航枢纽),最后通过 C 城市的公交系统到达最终目的地(或在公航枢纽内换乘道路客运前往最终目的地)。

在"航空—公路"联运组织过程中,旅客在出发地 A 城市通过城市公交系统到达 A 城市机场(或公航枢纽),或由其他城市通过道路客运到达 A 城市公航枢纽;然后通过航空方式到达 B 城市机场(或航空枢纽),通过机场联络线到达 B 城市道路客运车站(或在公航枢纽内部前往道路客运候车厅);通过道路客运到达目的地 C 城市道路客运站,最终通过 C 城市的公交系统到达最终目的地。

由上可见,整个公航联运组织过程需要城市公交系统、航空系统密切配合,尤其在"公转空"和"空转公"结合部更要做到无缝衔接,尽可能提高运输组织效率,以最大限度地方便旅客,这就要求站场内的设备设施完善、信息和引导标识明显、行李运送流畅、旅客安全得到保障。同时,在上述联运组织过程之外,还需要保证旅客购票的方便、快捷。只有这一系列工作都有条不紊地开展,才能最终高效地完成公航联运组织过程。

(三)公航联运类型

公航联运按照主导运营主体不同,分为机场主导型、航空公司主导型及道路客运企业主导型三种类型。

机场主导型是指机场运营的机场大巴或空港快线承运旅客,旅客从机场航站楼到达层上车,在机场所在城市市区内的机场巴士规定站点、本市及异地的机场候机楼下车;航空公司主导型是由航空公司与道路客运企业进行合作,开展机场到目的地城市的道路客运班线,实现旅客便捷换乘的目的;道路客运企业主导型由社会中的道路客运企业承运,旅客从机场到达层或机场附近的公路客运站上车，下车点为道路客运班线线路上的各个站点。

（四）发展现状及案例

1. 机场主导型

机场主导型公航联运在我国枢纽机场较为普遍，尤其是长三角、珠三角、京津冀、成渝城市群等机场分布较多、竞争较为激烈的区域，机场运营主体为了扩大机场辐射范围，吸引旅客到机场乘坐飞机，会推出机场到周边城市的跨城机场大巴线路、在周边城市设置城市候机楼，将机场的服务延伸、前移，从而达到方便旅客联程出行的目的。如表3-4所示为36个主要城市机场巴士线路数量。

36个主要城市机场巴士线路数量(个)　　　　　表3-4

序号	机场名称	城际巴士	市区巴士	总数
1	北京首都	8	14	22
2	北京大兴	4	9	13
3	天津滨海	6	3	9
4	石家庄正定	16	4	
5	太原武宿	1	4	5
6	呼和浩特白塔	0	3	3
7	沈阳桃仙	7	3	10
8	大连周水子	0	1	1
9	长春龙嘉	1	3	4
10	哈尔滨太平	3	6	9
11	上海浦东/虹桥	22	11	33
12	南京禄口	31	5	36
13	杭州萧山	35	18	53
14	宁波栎社	6	4	10
15	合肥新桥	22	4	26
16	福州长乐	5	32	37
17	厦门高崎	4	7	11
18	南昌昌北	5	4	9
19	济南遥墙	18	3	21

续上表

序号	机场名称	城际巴士	市区巴士	总数
20	青岛流亭	21	5	26
21	郑州新郑	26	3	29
22	武汉天河	15	5	20
23	长沙黄花	14	3	17
24	广州白云	22	16	38
25	深圳宝安	12	4	16
26	南宁吴圩	15	5	20
27	海口美兰	6	4	10
28	重庆江北	39	5	44
29	成都双流	17	6	23
30	贵阳龙洞堡	13	5	18
31	昆明长水	0	4	4
32	拉萨贡嘎	0	1	1
33	西安咸阳	24	13	37
34	兰州中川	9	3	12
35	西宁曹家堡	0	7	7
36	银川河东	0	4	4
37	乌鲁木齐地窝堡	3	1	4

以深圳机场公航联运为例。深圳机场汽车站位于深圳机场T3航站楼地面交通中心（GTC）一楼，是国家一级汽车客运站，主要发挥空巴联运的旅客集疏作用。为配合深圳机场异地城市候机楼建设计划以及"经深飞"战略，深圳机场汽车站引导运输经营单位开通高品质的珠三角城际点对点高速直达客车，以方便周边城市旅客使用深圳机场的航空服务。

2007年，深圳机场在惠州市设立第一家深圳机场城市候机楼，经过十年的发展，目前深圳机场在珠三角（含港澳地区）及深圳地区已设立城市候机楼34个，其中，深圳市9家、东莞市6家、惠州市3家、港澳地区7家、其他市9家（包括中山、佛山、珠海、河源等）。城市候机楼累计运送旅客量超过3000万人次，运送旅客量增长趋势基本与深圳机场客流量增长趋势保持一致。2019年，深圳机场城市候机楼运送旅客量（城市候机楼往深圳机场）约186万人次，日均约5100人次；值机人数约20万人次，行李直挂量约840件（表3-5）。

深圳机场城市候机楼运送旅客量一览表　　　　　表3-5

序号	候机楼名称	2019年旅客量(人次)	2019年值机量(人次)
1	龙岗候机楼	636821	84795
2	华联候机楼	165021	20077
3	坂田天安云谷候机楼	4702	1009
4	坪山候机楼	138642	17420
5	深圳湾口岸候机楼	270814	35978
6	龙华城市候机楼	1549	176
7	光明城市候机楼	4017	188
8	星河WORD城市候机楼	1984	127
9	科技园候机楼	0	0
10	万江候机楼	44808	2067
11	大朗候机楼	33543	485
12	东城候机楼	22455	749
13	南城CBD候机楼	138798	11243
14	松山湖候机楼	86252	676
15	厚街车站候机楼	14255	0
16	惠东候机楼	2709	255
17	惠阳候机楼	26314	3088
18	惠州候机楼	48440	21310
19	九龙园方候机楼	16660	143
20	东九龙油塘候机楼	1474	0
21	香港国际机场	0	0
22	上环港澳码头候机楼	0	135
23	屯门候机楼	0	0
24	观塘候机楼	14072	0
25	元朗候机楼	8582	0
26	顺德候机楼	5990	0
27	佛山候机楼	0	0

续上表

序号	候机楼名称	2019年旅客量（人次）	2019年值机量（人次）
28	中山港码头候机楼	122590	581
29	中山候机楼	23327	380
30	珠海香洲城市候机楼	9073	0
31	珠海拱北城市候机楼	5824	14
32	珠海九洲港候机楼	9991	0
33	广州番禺城市候机楼	755	0
34	河源城市候机楼	6	0
	合计	1859468	200896

服务流程方面，深圳机场候机楼的服务流程与广州机场城市候机楼基本相同。运营管理方面，目前深圳机场城市候机楼项目采用市场化运作模式，即深圳机场面向社会选取具备相关行业背景、符合一定资格的企业和社会团体共同运营城市候机楼。合作期内，深圳机场不具体负责城市候机楼运营，仅向城市候机楼运营主体提供合法标识系统授权，并负责开展必要的航空业务培训及提供航班信息显示、值机等业务所需的技术支持，同时按合同约定向运营单位支付值机代理服务费。运营单位负责城市候机楼的日常经营管理，包括市场营销、开展与航空配套服务的商旅业务、招商招租、开展广告和其他服务，并自主经营、自负盈亏。

2. 航空公司主导型

以南航、国航、东航为代表的航空公司也积极探索公航联运模式，推出了"空巴通""空地联运"等联运产品。

中国南方航空股份有限公司（以下简称南航）在珠三角地区、东北地区、贵州地区等20个城市，分别以当地枢纽机场为中心，依靠机场城市候机楼，利用机场大巴运送周边非通航点旅客，每年的旅客量为4万人次。

旅客在订购航班时，首先输入出发和目的城市，如果没有直达航班，系统将自动提示空地联运产品方案，即从出发城市候机楼乘坐空港快线前往出发机场，再衔接南航航班抵达目的地城市。旅客乘坐空港快线时，在候车区向工作人员出示有效证件，工作人员根据证件信息从南航空地联运管理平台中提取旅客购买产品的记录，核对信息后旅客可乘坐相应车次。旅客可按上述组合方案进行打包订座和购买，车票价格及其相关信息将整合在机票中。

旅客购买产品后,由南航官方指定的区域代理商负责相关的售后服务跟进,航空保险已从航空段延伸至地面巴士段,旅客在地面运输过程中发生的人身意外按航空标准保障。在运营管理方面,机场与当地道路运输企业合作,这些企业通过空地联运管理平台获取旅客信息,并根据旅客的需求出具与南航航班最优衔接的地面车票。

与南航"空铁通"产品类似,旅客在出行中如果遇到某一段行程延误而影响到后一段行程时,南航方面目前暂时无法提供保障和赔偿。

3. 道路客运企业主导型

2014年以来,受高铁、网约车等影响,我国道路客运客流持续下滑,道路客运企业经营效益较差,一些道路客运企业积极探索转型发展举措,加强与民航机场的对接,通过开展机场快线、提高车辆档次、推进车辆小型化、灵活设置线路、灵活发班等方式,开通直达机场的线路,实现公航联运。

2015年5月,江苏大运交通运输集团股份有限公司(以下简称"江苏大运")成立了车巴达(苏州)网络科技有限公司,搭建"巴士管家"平台。巴士管家以城际公路出行服务为核心,已形成涵盖汽车票、火车票、机票在线预订、城际拼车、城际快线、机场/火车站接送、网约车、包车、校园专线、定制公交、运游结合等多元化业务在内的一站式综合出行服务平台。自2015年7月18日巴士管家App1.0版本上线以来,巴士管家平台已累计服务超2亿人次,App下载超过1.4亿次,拥有用户量超4000万,截至2020年底,在旅客联程运输方面,全年服务人次超过120万人次,前期主要覆盖全国重点机场和高铁站等交通枢纽场景,其中,机场接送线路133条,全年服务人次67万人次;高铁接送站线路100条,服务人次53万人次。

专栏3-4:镇江公航联运

镇江市依托城市候机楼和机场班车,创新发展理念,引入"互联网+"思维,尝试开展航空和道路班车联程产品,通过线上销售、线下零距离换乘,实现旅客便捷的航空出行。

➢ 一站式购票

机场班车运行时间与航班相匹配,固定班车覆盖全天三分之二的旅客出行时段,需求响应式包车服务覆盖其余出行需求,且旅客可以在镇江城市候机楼实时了解到航班延误等信息。在镇江城市候机楼可以一站购买机票和班车票,旅客可以选择凭身份证换领登机牌、通过实名制查验和人脸识别乘坐机场班车、接受航空运输等服务。

> 城市通达性的提升

镇江市作为江苏省南部的中等城市,由于没有民用机场,其运输通达曾经主要依赖铁路和公路,随着2011年京沪高铁的开通,镇江市到北京及华北地区的时间缩短到4小时,通达性进一步提升,但是仅限于京沪高铁沿线,通达深度十分有限。2016年,镇江市作为创建全国首批综合运输服务示范城市之一,为探索发展"公航通"联程服务,开发了"公航通"联程服务平台,并实现"公航通"联程产品线上销售,同时,线下依托城市候机楼为旅客提供候车、航班查询和值机等一站式服务和零距离换乘。线上线下同步推进,旅客出行的便捷化程度显著提升。2018年,镇江5小时内直达35个国内主要城市的比例达90%,其中,铁路运输可达城市为14%,通过"公航通"联程出行可达城市比例达78%,4小时可到达一半以上国内主要城市,镇江城市通达性显著提升。

三、公铁联运

(一)公铁联运概念

公铁联运指将道路运输与铁路运输相结合,为旅客提供跨运输方式的联运服务,参与方包括铁路运输企业、火车站、道路客运企业等。

(二)公铁联运类型

按照衔接模式划分,公铁联运可以分为配套型和衔接型。

配套型公铁联运是指通过高铁站配套公路客运站、综合客运枢纽,开展公铁联运服务;衔接型公铁联运是指在道路客运企业或汽车客运站在未配套建设汽车客运站的高铁站设置道路客运接驳点,将旅客送达目的地的联运服务。配套型和衔接型公铁联运都需要在联运的目的地设立联运站点提供始发和终到联运服务。

按服务类型划分,公铁联运可以分为客票服务、换乘服务、行李运输服务、引导服务。客票服务是指铁路企业、道路客运企业、第三方经营主体同时销售铁路、公路客票或联运票,或在汽车站、火车站相互设置联运票窗口,实现公铁一站式购票或一票式出行的目的。换乘服务是指铁路企业或道路客运企业相互设置联运专用候车区、专用联运通道、提供联运候乘等服务。行李运输服务是指铁路企业和道路客运企业通过合作，为联运旅客办理一站式托运、行李直挂或行李便捷运输服务。引导服务是指铁路企业、道路客运企业设置清晰、准确的公铁联运引导标识、提供语音或视频引导等服务。

（三）发展现状及案例

高铁无轨站是中国铁路总公司认定的公铁联运新模式，指在没有高铁线路经过的城市设置具有购票、取票、候车（专线大巴）、物流等功能的铁路站点，通过开通专线大巴与就近的高铁站无缝对接，实现公路与铁路零距离换乘，让边远地区的旅客快捷出行。2016年12月19日，全国首个高铁无轨站在广西凌云县正式启用，使该县成为全国首个没有高铁线路经过却成功融入高铁路网的城市。

公路和铁路是我国两大主干运输方式，公路年客运量为130余亿人次左右，铁路年客运量近40亿人次，调查问卷也显示公路和铁路是旅客出行的首选交通方式。因此，公铁联运是我国服务范围最广、服务人数最多的一种旅客联程运输方式。调查问卷结果显示，选择火车和专线大巴联程出行的旅客占比近60%，这说明大部分旅客对公铁联运全天候、出行灵活、速度快、成本低的优势认可度较高。

目前，我国铁路尤其是高速铁路发展迅猛，铁路网和运力建设都取得了举世瞩目的成绩，运营里程稳居世界第一。高铁给人民群众带来便捷舒适出行体验的同时，也给传统道路客运行业带来了较大的冲击，近几年道路客运行业持续萎缩，转型升级迫在眉睫。

结合公铁联运运量大、潜力大、群众基础好的特点，以及高铁发展迅速、道路客运持续萎缩的客观现实，大力发展公铁联运将是促进道路客运行业转型升级发展、分担高铁网络运输压力、保证高铁时效性的重要抓手和方向。

黑龙江省推进"公铁联运"，在全省未通铁路的25个县市和23个客流较大的乡镇，依托公路客运站建设"铁路无轨站"（图3-5），打通了"公铁联运"关键环节，实现了公路与铁路的零距离换乘及班车与火车的无缝对接，通过"公铁联运，一站式服务"，变2次购票为1次性购票、2段式行包托运为1次行包转运，解决了长期困扰当地百姓乘火车难、转乘难和候车时间长的问题，弥补了铁路建设和民众需求之间的不足，极大地方便了边远地区群众的出行。见表3-7。

图3-5 甘南县高铁无轨站

黑龙江公铁联运服务辐射范围表　　　　表3-7

无轨县市所在城市	无轨县市名称	对接车站	哈局负责建设单位	无轨县市所在城市	无轨县市名称	对接车站	哈局负责建设单位
依兰县	达连河镇	佳木斯	中国铁路哈尔滨局集团有限公司佳木斯站	绥化市	望奎县	绥化	中国铁路哈尔滨局集团有限公司绥化车务段黑河地铁
依兰县	三道岗镇	佳木斯	中国铁路哈尔滨局集团有限公司佳木斯站	绥化市	明水县	绥化	中国铁路哈尔滨局集团有限公司绥化车务段黑河地铁
依兰县	团山子乡	佳木斯	中国铁路哈尔滨局集团有限公司佳木斯站	绥化市	青冈县	绥化	中国铁路哈尔滨局集团有限公司绥化车务段黑河地铁
巴彦县	西集镇	兴隆镇	中国铁路哈尔滨局集团有限公司绥化车务段	哈尔滨市	兰西县	兴隆镇	
巴彦县	天增镇	兴隆镇	中国铁路哈尔滨局集团有限公司绥化车务段	哈尔滨市	巴彦县	兴隆镇	
巴彦县	红光乡	兴隆镇	中国铁路哈尔滨局集团有限公司绥化车务段	黑河市	逊克县	孙吴	
巴彦县	德祥乡	兴隆镇	中国铁路哈尔滨局集团有限公司绥化车务段	哈尔滨市	延寿县	尚志	中国铁路哈尔滨局集团有限公司哈尔滨东车务段
巴彦县	丰乐乡	兴隆镇	中国铁路哈尔滨局集团有限公司绥化车务段	哈尔滨市	延寿县	尚志	中国铁路哈尔滨局集团有限公司哈尔滨东车务段
兰西县	临江镇	绥化		齐齐哈尔市	拜泉县	齐齐哈尔	中国铁路哈尔滨局集团有限公司齐齐哈尔站
滴道区	滴道河乡	鸡西	中国铁路哈尔滨局集团有限公司鸡西车务段	齐齐哈尔市	甘南县	齐齐哈尔	中国铁路哈尔滨局集团有限公司齐齐哈尔站
城子河区	长青乡	鸡西	中国铁路哈尔滨局集团有限公司鸡西车务段	齐齐哈尔市	甘南县	齐齐哈尔	中国铁路哈尔滨局集团有限公司齐齐哈尔站
肇州县	兴城镇	大庆	中国铁路哈尔滨局集团有限公司大庆车务段	佳木斯市	桦川县	佳木斯	中国铁路哈尔滨局集团有限公司佳木斯站
肇州县	丰乐镇	大庆	中国铁路哈尔滨局集团有限公司大庆车务段	哈尔滨市	依兰县	佳木斯	中国铁路哈尔滨局集团有限公司佳木斯站
肇州县	永乐镇	大庆	中国铁路哈尔滨局集团有限公司大庆车务段	伊春市	嘉荫县	伊春	中国铁路哈尔滨局集团有限公司佳木斯车务段
肇州县	朝阳沟镇	大庆	中国铁路哈尔滨局集团有限公司大庆车务段	鹤岗市	绥滨县	鹤岗	中国铁路哈尔滨局集团有限公司佳木斯车务段
肇源县	新站镇	大庆	中国铁路哈尔滨局集团有限公司大庆车务段	鹤岗市	萝北县	鹤岗	中国铁路哈尔滨局集团有限公司佳木斯车务段
肇源县	二战镇	大庆	中国铁路哈尔滨局集团有限公司大庆车务段	牡丹江市	东宁市	绥芬河	中国铁路哈尔滨局集团有限公司绥芬河站
红岗区	杏树岗镇	大庆	中国铁路哈尔滨局集团有限公司大庆车务段	大庆市	红岗区	大庆	中国铁路哈尔滨局集团有限公司大庆车务段
肇东市	昌五镇	肇东		大庆市	大同区	大庆	中国铁路哈尔滨局集团有限公司大庆车务段
肇东市	涝洲镇	肇东		大庆市	肇州县	大庆	中国铁路哈尔滨局集团有限公司大庆车务段
肇东市	五里明镇	肇东		大庆市	肇源县	泰康	
肇东市	黎明镇	肇东		大庆市	林甸县	泰康	
安达市	伍民镇	安达		大兴安岭地区	呼玛县	塔河	中国铁路哈尔滨局集团有限公司加格达奇车务段
哈尔滨市	宾县	哈尔滨东	中国铁路哈尔滨局集团有限公司哈尔滨东站				
哈尔滨市	木兰县	哈尔滨东	中国铁路哈尔滨局集团有限公司哈尔滨东站				
哈尔滨市	通河县	哈尔滨东	中国铁路哈尔滨局集团有限公司哈尔滨东站				
哈尔滨市	方正县	哈尔滨东	中国铁路哈尔滨局集团有限公司哈尔滨东站				

依托未通铁路的县市公路客运站,建设铁路售票窗口(图3-6)和行包托运业务,并选择距离公路客运站较近、客流较大的火车站作为联运站,设立公路售票窗口、候车、行

包转运业务等，实现公路、铁路的联程联运。

图 3-6　齐齐哈尔站公铁联运售票处

四、海空联运

（一）海空联运概念

海运联空指航空运输与水路运输之间协作的一种联合运输方式，参与者包括民航机场、港口集团、船公司等。

（二）海空联运类型

海空联运按照运营主导主体来分，可以划分为机场主导型和港口主导型。机场主导型海空联运是指机场通过在码头设置专柜、为旅客提供值机、购票、行李托运、信息查询咨询等服务的模式。这种模式较为特殊，运营条件必须是旅客乘坐轮船比乘坐铁路、道路客运、驾车等方式更为便捷，因此，可以实施推广的范围较小，目前仅在香港—深圳之间有过探索。港口主导型海空联运是指港口码头（一般为邮轮码头）为邮轮游客提供游客所在地到机场、机场到港口码头的接驳运输的模式。

（三）发展现状及案例

目前国内开展海空联运的案例较少，只有天津、香港—深圳等开展了海空联运，这些城市地区利用空港和海港天然条件,以大力发展空港经济和邮轮产业为契机,开展旅客空海联运,并取得了较好的效果。

香港国际机场于2003年9月28日在蛇口客运码头首次设置了值机柜台。2016年10月31日,新的空海联运服务随着蛇口邮轮中心开港而正式推出,每年从蛇口港乘船至香港机场的客流量为100万人次,约占整个珠江水域客流量的50%。蛇口邮轮中心与香港海天码头之间开行的邮轮每天运行时间为7:45至21:00,45分钟一班,计划未来提高到30分钟一班,以更好地对接香港国际机场的航班。目前,共有83家国外航空公司在蛇口邮轮中心设置了值机柜台为旅客办理预登机手续,其中17家航空公司开通了行李直挂服务,其中46%左右的旅客量为国泰航空公司的乘客。

1. 提供行李直挂服务

旅客可在蛇口邮轮中心办理值机和行李托运手续,乘坐邮轮到达香港海天码头,全程只需30分钟。再乘坐轨道交通捷运工具直达香港机场候机厅(与海天码头间相距约1公里)。旅客所托运的行李在蛇口邮轮中心经过一次安检后,使用航空标准箱装船与旅客同船运输至香港机场,全程封闭运输,旅客直接在目的地机场提取行李,实现了旅客出行全程无缝衔接、行李直挂的联运服务。空海联运服务流程如图3-7所示。

由于航线为全封闭通道,旅客不经过香港移民局可直达香港国际机场登机闸口,常规机票中所含的出境税可以减免,旅客可在蛇口客运码头完成已预付的飞机乘客离境税返还申请手续,并于抵达香港国际机场时到指定柜台实时领取有关款项,有效降低了旅客出行成本。

2. 运营管理模式

蛇口邮轮中心的合作方包括联天客运服务有限公司、珠江客运有限公司、各大航空公司及船公司。其中,蛇口邮轮中心负责上游值机业务、行李托运、证件查验、登船手续办理等;联天客运服务有限公司负责与各航空公司进行业务沟通;珠江客运有限公司负责香港海天码头运作;船公司负责将旅客由蛇口邮轮中心送抵香港国际机场;航空公司负责将旅客由香港国际机场运抵目的地。

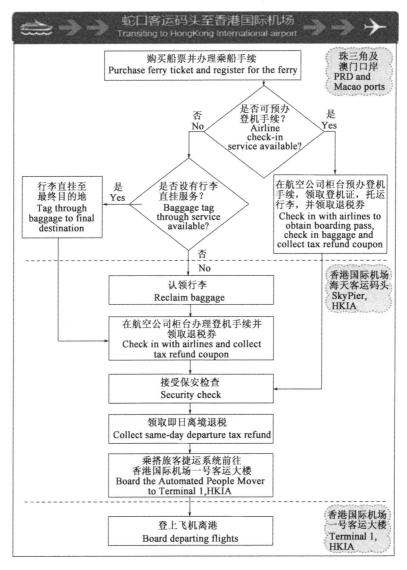

图 3-7 空海联运服务流程图

五、第三方服务主体联运模式

（一）第三方服务主体联运模式概念

传统服务主体是旅客联运服务主体的中坚力量，包括航空公司、铁路公司、道路客运企业、公交和轨道交通运营企业，以及机场、高铁站、道路客运站、水路码头等场站企业。

由于运输即服务、信息即服务,因此,这类运输承运主体不但负责运输旅客,还同时向旅客提供基本的出行信息、票务服务、行李运输等服务,传统服务主体是实际直接承运旅客的主体并承担相应的责任,这是传统服务主体区别于其他服务主体的本质特征,除传统服务主体以外的其他参与和提供旅客联运服务的主体可统称为第三方服务主体。

第三方服务主体联运模式由第三方经营主体提供售票、信息、行李运输等服务的联运模式。

(二)第三服务主体类型

第三方经营主体提供的旅客联程运输服务主要分为线上和线下两类。线上的联运服务主要包括一站式的票务服务、一体化的出行信息服务,以及酒店预订、签证申请、旅游门票销售等运输服务周边服务,这类线上服务主体一般是互联网公司和信息技术公司。线下联运服务目前主要是行李运输寄送的服务。

(三)第三方服务主体特征

第三方服务主体相对于传统服务主体,具有以下特征。

1. 服务内容差异化

第三方服务主体与传统服务主体在联运服务体系中的分工各有侧重,第三方服务主体无法提供服务主体承担的运输旅客服务,主要侧重其他出行及相关服务,包括综合出行信息服务、一站式客票服务、行李直挂运输、旅游产品预订、食宿预订、保险理赔等服务。

2. 服务资源集中化

不论是在出行信息还是客票服务方面,传统服务主体一般只为旅客提供本运输方式或合作运输方式的班次信息和联运客票服务,而第三方服务主体则侧重于利用互联网等信息技术和资源渠道整合既有的信息和服务,为旅客提供一站式的综合出行信息查询和推送、基于多运输方式的出行行程规划、联运客票销售以及酒店预订等出行周边便捷服务。

3. 服务体验便捷化

客运服务与其他虚拟服务不同,需要实实在在落地,让旅客看得见摸得着,如检票验票、行李收寄运输、接送站等服务,而第三方服务主体尤其是具有互联网背景的服务商依靠自身强大的财力和商业运作,很好地打通了线上线下的服务资源,使旅客在实际出行时能够以最低的成本、最高的效率通过各种线上渠道和形式获得想要的出行服务,如网约车和接送机服务、在线选座、二维码进站、在线预约行李上门收寄、基于时间和位置的出行信息服务等。

第三方服务主体是旅客联程运输服务体系的各服务主体中除传统客运服务主体以外的向旅客提供集约化一体化出行服务及相关周边服务的一类服务主体,联运出行相关周边服务是指围绕基础客运服务开展的服务,这类服务可以降低旅客获取基础客运服务成本、衔接和优化基础客运服务组织、弥补联运出行链的盲点和短板、提升旅客出行体验和效率。

(四)第三方经营主体优势

1. 技术渠道和资源整合能力强

目前市场上出现的第三方服务主体不少是从事客运服务和提供产品的互联网或信息技术企业,这些企业在移动互联网、大数据分析、数据资源融合、清分结算等领域积累了较为丰富的经验,技术实力雄厚,具有将综合客运数据资源这种多源异构信息较好整合的能力以及强大的渠道优势,掌握巨大的客户量,在综合出行信息服务等关键领域有很大的潜力。

2. 市场运营和产品设计能力强

一些典型的第三方服务主体如在线旅游服务商基于其拥有的技术和资源整合能力,依靠其灵活的管理运行机制、快速的经营决策能力,同时又无须投入巨大资源承担传统服务主体运输旅客的繁重任务,相对地能够紧跟市场和旅客需求,整合既有服务和产品,开发设计新的客运服务产品,并且能够快速迭代优化,在提升旅客出行体验上具有较大优势。

3. 善于发现和挖掘用户的需求

传统旅客联程运输服务除了具有资源服务集约化程度较低的短板外,还存在服务种类盲点的问题,如主干运输方式间的衔接换乘运输服务、前后最后一公里出行服务、保险理赔、旅游交通出行预订等配套增值服务,而传统服务主体一般不涉足或者没有额外的资源提供这些服务,这就给众多的第三方服务主体提供了巨大的机会和空间,使得旅客联程运输服务体系成为一个服务内容完整的现代化服务体系。

(五)发展现状及案例

随着我国互联网的迅速发展和普及,网络购票、查询越来越普遍,以互联网企业为代表的第三方经营主体,一方面加强与传统运输企业的合作,另一方面利用资金和技术优势,开展旅客联程运输服务,为旅客联程运输的发展注入了新的活力。

1. 携程旅行网票务服务

携程网在发展早期是以票务代理的角色出现的,主要为用户提供机票和酒店预订服务,近些年来发展迅速,产品线不断扩展,客票预订和销售的种类包括了机票、火车、汽车票、船票等主要客运方式,并且涵盖了旅客出行的几乎所有场景,包括线路规划、客票预订、酒店预订、娱乐门票预订、签证、保险、租车、约车等各个环节,并在积累了庞大用户基数和线上线下渠道优势的基础上,利用大数据技术为旅客提供了更加便捷、高效、定制化的出行服务。

在旅客联运服务领域,携程网的亮点集中体现在跨运输方式客票服务上。第一,旅客可以在携程网一站式购买铁路、公路、水运、民航各种运输方式的客票,免去了旅客分别在多个渠道订票的麻烦,减少了旅客出行的购票成本。第二,充分利用一站式票务服务平台的集约化优势,推出了跨运输方式的联程出行线路规划和联程客票预订服务,当没有符合旅客初始输入的出行起讫点和出行方式的出行方案时,系统就会自动计算和为旅客显示一条甚至多条联程出行线路,并且综合考虑换乘成本和延误风险,旅客如果对于某一天联程出行线路,只需执行一次预订和支付操作即可完成多段旅程客票的预订,实现更高层次的一站式购票。

2. 百度地图

百度地图主要为用户提供定位、位置点信息查询、出行路线规划、动态出行信息等服务,其中定位、位置点信息查询服务属于基础功能,而出行路线规划和动态出行信息服务近年来发生了较大的变化。

在百度地图上线的初期,出行路线规划服务的区域一般是在某一个市县区域内,纳入路径规划算法的运输方式一般是城市公交、步行和自驾等几种方式,但近几年百度地图将城际客运方式均纳入路径规划算法,包括民航、铁路甚至是水运,实现了地图上任一两个位置点间路径规划功能,提供的推荐路径是真正意义上的点对点规划,包含所有的出行方式,并且因为加入了城市公交、铁路、公路、民航的时刻信息表,旅客出行前可以获得基于时空维度的完整准确的出行方案,享受到了一站式信息服务。同时,百度地图还依靠掌握的路况、航班和列车准点信息为旅客提供动态出行信息服务,帮助旅客实时调整出行方案。

3. 行李管家服务

行李管家服务主要针对旅客的以下几种出行场景和需求:一是旅客从酒店退房后还想去办一些其他事情或者继续游玩但行李不知如何安置;二是行李太多太重很难方便的运送到机场火车站;三是航班或者火车早到时旅客暂时无法到酒店办理入住;四是市内地面交通拥堵时旅客拖着笨重的行李反复换乘十分不便。行李管家服务可以为旅客提供从酒店至机场或火车站间的运送和到达后的寄存看管服务,使得旅客能够从容退房,轻装出门办事游玩,只需在约定的时间到机场或火车站提取即可,或在下了飞机或火车后办理寄存和交运,晚间回到酒店后提取自己的行李办理入住即可。

行李管家服务虽然与旅客联运服务追求的出行全程的门到门直挂运输服务仍有一定的距离,但已经解决了前后一公里过程中的行李运输问题,行李和旅客独立运输已经初现雏形。

六、本章小结

本章对我国旅客联程运输发展模式进行了分析研究,分析了空铁联运、公航联运、公铁联运、海空联运和第三方服务主体五种联运模式的概念、内涵特征、类型划分、系统构成、适应条件以及每一种模式的发展现状。

CHAPTER FOUR
第四章

旅客联程运输发展评价

一、评价思路

（一）评价目的

为指导各地开展旅客联程运输发展评价工作,科学评价各地旅客联程运输发展水平,从而采取科学、有效的针对性措施提高旅客联程运输发展水平,满足百姓便捷出行需求。

（二）评价思路

第一步,根据指标的代表性、重要性和数据可获取性,提出旅客联程运输发展指数的评价对象、评价范围、评价周期等。

第二步,根据指数涉及的行业和领域,选择可以获取的指数,构建指标体系。

第三步,根据指标体系收集相关数据。

第四步,确定各个指标的权重。

第五步,根据各个指标和指标的权重加权得出指数。

（三）评价定位

评价对象为城市,评价范围为全国范围(不含港澳台地区)。

（四）业务范围

评价范围包括铁路、公路、水路、民航、城市交通等衔接的旅客联程运输发展水平情况,涉及铁路、公路、水路、民航、城市轨道交通、城市公交等运输方式。

评价的主体是市级及以上交通运输主管部门,市级交通运输主管部门对本行政区的旅客联程运输发展水平进行评价,上级的交通运输主管部门对辖区内的市级及以上行政区进行评价。

（五）评价客体

评价的客体是地市级及以上行政区划单位。

（六）评价原则

发展性原则。旅客联程运输发展评价要以促进当地旅客联程运输发展水平为出发点和归宿。实施旅客联程运输发展评价要科学地评价当地的发展水平,找出旅客联运输发展的薄弱环节,明确努力方向,从而促进当地旅客联程运输发展。

激励性原则。通过旅客联程运输发展评价工作以及其结果的应用,提高各地提高旅客联程运输发展水平的意愿和责任,提高当地政府以及交通运输主管部门的积极性,从而提高联运服务水平。

客观性原则。旅客联程运输发展评价方法、评价指标、评价过程、评价等级的划分要充分考虑各地的实际情况,评价结果必须要真实、客观地反映当地的旅客联程运输发展水平,同时也应考虑区分度,评价结果体现不同发展水平的地区的差异。

可操作性原则。旅客联程运输发展评价指标的选取、评价方法的选择必须要遵循指标可量化、数据可获取、方法可操作、简单易懂、评价成本较低的原则,从而推进评价工作更加顺利地实施。

突出重点原则。评价的指标选择过程中重点选择了影响旅客联程运输发展水平的关键指标,对于一些对旅客联程运输发展影响不大的指标不予以纳入指标体系。

二、指标体系构建

(一)指标体系构建

1. 指标选择原则

按照"唯务折衷"和"多方兼顾"的原则,综合考虑东中西部地区发展情况,以现实问题和战略需要为导向,系统全面地构建发展指数。

(1)导向性。注重区分旅客联程运输发展的目标与手段,可对发展进程做出适当的评价和判断,科学判断不同阶段的努力方向和工作重点。

(2)客观性。保证评价指标体系的客观公正,能够密切结合实际,准确地体现旅客联程运输的内涵和特征,具有典型的代表性。

(3)代表性。旅客联程运输是个复杂的工程,指标的选取不可能面面俱到、把所有有关的都选进来,要选取典型有代表性的主要指标。

(4)可操作性。评价指标尽可能选取可量化的指标,兼顾定性指标,以便于采集和测算,在统计数据收集方面,要确保数据来源真实、稳定、可靠。

(5)可比性。指标的设置要综合考虑不同区域的情况和特点,具有相互比较的可能性。

2. 指标体系建立

根据旅客联程运输发展影响因素和指标的选取原则,最终确定3个方面的21个指标作为旅客联程运输发展指数(Intermodal Passenger Transportation Index,IPTI)的评价指标。旅客联程运输发展包括发展基础、基础设施和运营服务三个方面。

(1)发展基础

旅客联程运输发展基础是指旅客联程运输的基础条件,包括铁路、公路、民航、城市客运等客运量,客运量越大,选择旅客联程运输的概率就越大,表示旅客联程运输的客流条件越好,具体指标包括铁路客运量、公路客运量、民航客运量、城市公交客运量;铁路、公路、民航、城市客运的线路、班次数量等情况,线路和班次越多,表示旅客联程运输的组织条件就越好,具体包括火车停靠车次数量、始发高铁动车车次数量、民航航班数量、民航直达城市数量、道路客运班线数量、轨道交通里程等10个指标。

(2)联运设施

联运设施情况是指铁路、公路、民航、城市客运等枢纽场站的衔接情况,包括铁路与民航的衔接情况、民航与地铁衔接情况、民航与道路客运衔接情况、铁路与轨道交通衔接情况、铁路与道路客运衔接情况。具体指标包括机场通地铁情况、机场通铁路情况、重要火车站通城市轨道交通情况、重要火车站配置汽车客运站情况、机场城市候机楼数量5个指标。

(3)联运服务

联运服务情况是指铁路、公路、民航、城市客运等两种及两种以及方式运营服务衔接情况,包括行李运输、联运票务、安检优化、联运线路等情况。具体指标包括跨城机场巴士线路数量、市区机场巴士线路数量、行李直挂情况、联运票务情况、安检互认情况、联运政策环境情况。

(二)指数计算

1. 具体指标计算

(1)火车停靠车次数量

指标计算:城市重要火车站火车列车停靠车次(含始发和终到车次)数量之和。

$$I_{ts} = \sum_{i=1}^{N} TS_i \tag{4-1}$$

式中:I_{ts}——火车停靠车次数量;

N——城市重要火车站数量；

TS_i——第 i 个火车站的停靠车次数量。

数据来源：铁路12306网站。

（2）始发终到高铁动车车次数量

指标计算：城市重要火车站始发和终到高铁动车列车（C、D、G 开头车次）车次数量之和。

$$I_{te} = \sum_{i=1}^{N}(TB_i + TE_i) \tag{4-2}$$

式中：I_{te}——始发终到高铁动车车次数量；

N——城市重要火车站数量；

TB_i——第 i 个火车站始发高铁动车车次数量；

TE_i——第 i 个火车站终到高铁动车车次数量。

数据来源：铁路12306网站。

（3）铁路客运量

指标计算：城市铁路旅客运输量，计算方式与国家统计局铁路旅客运输量计算方式一致。

数据来源：城市统计年鉴。

（4）民航航班数量

指标计算：城市所有民航机场民航航班数量。航班含出发和到达航班。

$$I_{an} = \sum_{i=1}^{N}(AS_i + AE_i) \tag{4-3}$$

式中：I_{an}——民航航班数量；

N——城市民航机场数量；

AS_i——第 i 个机场的民航出发航班数量；

AE_i——第 i 个机场的民航到达航班数量。

数据来源：民航航空预先飞行计划管理系统（http://www.pre-flight.cn/）。

（5）民航直达城市数量

指标计算：城市所有民航机场民航航班直达城市数量。航班含国际及港澳台航班、国内航班。

$$I_{ac} = \sum_{i=1}^{N} AC_i \tag{4-4}$$

式中：I_{ac}——民航直达城市数量；

N——城市民航机场数量；

AC_i——第 i 个机场民航航班直达城市数量。

数据来源:民航航空预先飞行计划管理系统。

(6) 民航客运量

指标计算:城市民航旅客运输量,计算方式与国家统计局民航旅客运输量计算方式一致。

数据来源:城市统计年鉴、民航机场生产统计公报。

(7) 公路客运量

指标计算:城市公路旅客运输量,计算方式与国家统计局公路旅客运输量计算方式一致。

数据来源:城市统计年鉴。

(8) 公路客运班线数量

指标计算:城市公路客运班线数量,城市主要汽车客运站公路客运班线数量之和。

$$I_{\mathrm{cl}} = \sum_{i=1}^{N} \mathrm{CL}_i \tag{4-5}$$

式中:I_{cl}——公路客运班线数量;

　　N——城市主要汽车客运站数量;

　　CL_i——第 i 个汽车客运站公路客运班线数量。

数据来源:城市道路运输统计资料汇编、各城市联网售票网站。

(9) 公交客运量

指标计算:城市公交年客运总量,计算方式与交通运输主管部门公交客运量计算方式一致。

数据来源:城市客运年报。

(10) 轨道交通里程

指标计算:城市年末城市轨道交通里程,计算方式与交通运输主管部门城市轨道交通里程计算方式一致。

数据来源:城市客运年报。

(11) 机场通地铁情况

指标计算:城市所有民航机场通轨道交通线路(含磁悬浮、机场快轨,不含城际铁路)数量之和。

$$I_{\mathrm{ar}} = \sum_{i=1}^{N} \mathrm{AR}_i \tag{4-6}$$

式中：I_{ar}——机场通地铁情况；

N——城市民航机场数量；

AR_i——第 i 个民航机场通轨道交通线路数量。

（12）机场通铁路情况

指标计算：城市所有民航机场通铁路情况之和。一体化衔接模式得分为 3，交通中心模型式得分为 2，接驳型衔接模式得 1 分，分离型的不得分。

数据来源：地图网站

（13）重要火车站地铁连通情况

指标计算：城市所有重要火车站通地铁线路之和。

$$I_{rr} = \sum_{i=1}^{N} RR_i \qquad (4\text{-}7)$$

式中：I_{rr}——城市重要火车站地铁连通线路情况；

N——城市重要火车站数量；

RR_i——第 i 个重要火车站通地铁数量。

数据来源：地图网站。

（14）重要火车站配置汽车客运站情况

指标计算：城市所有重要火车站配置汽车客运站之和。

$$I_{tc} = \sum_{i=1}^{N} TC_i \qquad (4\text{-}8)$$

式中：I_{tc}——城市重要火车站汽车客运站数量之和；

N——城市重要火车站数量；

TC_i——第 i 个重要火车站配置汽车客运站数量。

数据来源：地图网站。

（15）机场城市候机楼数量

指标计算：城市所有机场城市候机楼数量之和。

$$I_{act} = \sum_{i=1}^{N} ACT_i \qquad (4\text{-}9)$$

式中：I_{act}——城市机场城市候机楼数量之和；

N——城市民航机场数量；

ACT_i——第 i 个民航机场城市候机楼数量。

数据来源：各机场网站。

（16）跨城机场巴士线路数量

指标计算：城市所有机场跨城机场巴士线路（含机场到城市所属县的线路以及省际、

市际线路)数量之和。

$$I_{\mathrm{acl}} = \sum_{i=1}^{N} \mathrm{ACL}_i \tag{4-10}$$

式中：I_{acl}——城市机场所有跨城机场巴士线路之和；

N——城市民航机场数量；

ACL_i——第 i 个民航机场跨城机场巴士线路数量。

数据来源：各机场网站。

(17)市区机场巴士线路数量

指标计算：城市所有机场市内机场巴士线路(含机场到市区机场巴士，不含普通公交线路)数量之和。

$$I_{\mathrm{abl}} = \sum_{i=1}^{N} \mathrm{ABL}_i \tag{4-11}$$

式中：I_{abl}——城市机场所有市区机场巴士线路之和；

N——城市民航机场数量；

ABL_i——第 i 个民航机场市区机场巴士线路数量。

数据来源：各机场网站。

(18)行李直挂情况

指标计算：城市所有机场、火车站可以行李直挂城市候机楼、高铁无轨站以及轨道交通站点等数量之和。

$$I_{\mathrm{cob}} = \sum_{i=1}^{N} \mathrm{ACOB}_i + \sum_{i=1}^{M} \mathrm{TCOB}_i \tag{4-12}$$

式中：I_{cob}——城市行李直挂情况；

N——城市民航机场数量；

ACOB_i——第 i 个民航机场可以实现行李直挂点的数量；

M——城市重要火车站数量；

TCOB_i——第 i 个重要火车站可以实现行李直挂点的数量。

数据来源：各机场网站、铁路 12306 网站。

(19)联运票务

指标计算：可以实现一站式购票、一票式出行的模式数量。模式包括民航+铁路、民航+道路客运、民航+城市客运、铁路+道路客运、铁路+城市客运等模式，每有一个点可以开展任意一种模式，得分加 1。

数据来源：各机场网站、各航空公司网站、道路客运联网售票平台。

（20）安检互认

指标计算：每一个重要火车站、机场、汽车客运站可以实现与城市轨道交通安检互认的站点数量之和，实现双向互认，每个站点得2分，单向互认的每项得1分。

数据来源：各机场网站、铁路12306网站、交通运输主管部门。

（21）政策环境

指标计算：城市出台的旅客联程运输相关的政策环境情况，包括规划、法规、指导意见、标准、体制机制等情况。每出台了一个相关政策得1分，出台一个专门政策得2分。

数据来源：交通运输主管部门。

旅客联程运输发展指标体系见表4-1。

旅客联程运输发展指标体系表　　　　　表4-1

目 标 层	内 涵 层	指 数 层
旅客联程运输发展指数	发展基础	1. 火车停靠车次数量
		2. 始发高铁动车车次数量
		3. 铁路客运量
		4. 民航航班数量
		5. 民航直达城市数量
		6. 民航客运量
		7. 公路客运量
		8. 公路客运班线数量
		9. 公交客运量
		10. 轨道交通里程
	联运设施	11. 机场通地铁情况
		12. 机场通铁路情况
		13. 重要火车站地铁连通率
		14. 重要火车站配置汽车客运站
		15. 机场候机楼数量
	联运服务	16. 跨城机场巴士线路数量
		17. 市区机场巴士线路数量
		18. 行李直挂
		19. 联运票务
		20. 安检互认
		21. 政策环境

2. 指标无量纲化

量纲是物理学中的一个重要概念,由于各物理量以一定的关系式联系着,所以一般取其中的一些独立的物理量作为基本量,并规定一个基本量度单位,其他的物理量的量度单位将以确定的形式导出。我们把基本量所采用的量度单位叫作基本量度单位,其他物理量的单位称为导出单位。按照此种方法构成的一套单位在做理论运算和数值计算时,往往必须做无量纲化处理,这样可以使物理方程转换为特定的数学方程时,便于数学处理。

在进行多指标综合评价时,无量纲化处理的合理与否直接影响旅客联运发展指数计算的准确度。由于各个指标的单位不同、量纲不同、数量级不同,如果直接进行原始数据的加总,将无法得出准确的评价结果,甚至会影响评价的结论。为统一指标,首先要对所有的评价指标进行无量纲化处理,以消除量纲,将其转化为无量纲、无数量级差别的标准分,然后进行分析评价。

选用极差正规化法对 21 个评价指标进行无量纲化处理。

$$Y_{ij} = \frac{X_{ij} - \min(X_j)}{\max(X_j) - \min(X_j)} \tag{4-13}$$

式中,Y_{ij} 的范围在 0~1 之间,Y_{ij} 各值的分布仍与相应原 X 值的分布相同,适用于呈正态分布或非正态分布指标值的无量纲化;X_{ij} 表示第 i 个对象的第 j 指标的实际值;$\max(X_j)$ 和 $\min(X_j)$ 表示所有评价对象的第 j 个指标的最大值和最小值。

3. 指标权重

指标的无量纲化解决了多个指标的可综合性问题,但为使由多个指标合成的综合评价值更能准确地反映被评价对象的真实情况,还必须对转换后的指标赋予不同的权数。在单项指标已经确定的情况下,不同的权数将导致指数合成结果的不同。因此,权数不仅体现了评价者对评价体系中单项指标重要性程度的认识,也体现了评价指标体系中单项指标评价能力的大小。应用层次分析法(AHP 法)通过对相关行业专家对指标权重进行打分,再应用方根法对指标权重进行计算,得到各个指标权重,为了检验专家打分的科学性和逻辑性,对专家权重打分进行一致性校验。

1)构建指标层次

将旅客联程运输发展指标分两层,第一层为内涵层,第二层为指标层。

将重要性分为 9 档，分别同等重要、稍为重要、较为重要、重要、非常重要，分别用 1、3、5、7、9 表示，反之用 1/3、1/5、1/7、1/9 表示。指标权重分布见表 4-2。

指标权重分布表　　　　　　　　　　　　　　　　　　　　表 4-2

重要性	1/9	1/7	1/5	1/3	1
含义	非常不重要	不重要	较不重要	稍不重要	同等重要
重要性	3	5	7	9	
含义	稍微重要	较为重要	重要	非常重要	

2）构建指标矩阵

按内涵层和指标层两层构建指标矩阵（表 4-3 ~ 表 4-6）。内涵层为内涵层矩阵；指标层矩阵为发展基础矩阵、联运设施矩阵、联运服务矩阵共 3 个矩阵。并组织专家对 4 个权重矩阵进行打分。

内涵层权重矩阵示意表　　　　　　　　　　　　　　　　　表 4-3

指标权重	联运基础	联运设施	联运服务
联运基础	1	1/3	1/5
联运设施	3	1	1/3
联运服务	5	3	1

指标层—发展基础权重矩阵示意表　　　　　　　　　　　　表 4-4

指标权重	A1	A2	A3	A4	A5	A6	A7	A8	A9	A10
A1										
A2										
A3										
A4										
A5										
A6										
A7										
A8										
A9										
A10										

注：A1-火车停靠车次数量；A2-始发高铁动车车次数量；A3-铁路客运量；A4-民航航班数量；A5-民航直达城市数量；A6-民航客运量；A7-公路客运量；A8-公路客运班线数量；A9-公交客运量；A10-轨道交通里程。

指标层-联运设施权重矩阵示意表　　　　　表 4-5

指标权重	B1	B2	B3	B4	B5
B1					
B2					
B3					
B4					
B5					

注：B1-机场通地铁情况；B2-机场通铁路情况；B3-重要火车站地铁连通率；B4-重要火车站配置汽车客运站；B5-机场候机楼数量。

指标层-联运服务权重矩阵示意表　　　　　表 4-6

指标权重	C1	C2	C3	C4	C5
C1					
C2					
C3					
C4					
C5					

注：C1-跨城机场巴士线路；C2-市区机场巴士线路；C3-行李直挂；C4-安检互认；C5-政策环境。

3) 权重计算

对专家打分得到的特征矩阵，应用方根法，计算权重向量和矩阵特征根。计算步骤如下：

(1) 求每一行的几何平均数

将每一行的列权重得分相乘，并开 N 次方，得到每一行几何平均数 M_i。

$$M_i = \sqrt[N]{\prod_{j=1}^{N} A_{ij}} \quad (4-14)$$

式中：M_i——第 i 行的几何平均数；

N——指标的数量；

A_{ij}——每个指标权重得分。

(2) 求指标权重

将每行的几何平均数与所有行的几何平均数之和相除，即得到第 i 个指标的权重。所有指标的权重相加等于 1。

$$W_i = \frac{M_i}{\sum_{i=1}^{N} M_i} \quad (4-15)$$

式中：W_i——第 i 行的权重；

M_i——第 i 行的几何平均数；

N——指标的数量。

(3) 权重一致性校验

因为专家的权重打分可能存在逻辑问题或相互矛盾的地方，所以有必要对权重进行一致性校验。

$$AW_i = \sum_{j=1}^{N} A_{ij} \times W_j \tag{4-16}$$

式中：AW_i——第 i 个指数权重的特征向量值。

$$\lambda = \frac{\sum_{i=1}^{N} \frac{AW_i}{W_i}}{N} \tag{4-17}$$

式中：λ——指数权重的最大特征值。

$$C_i = \frac{\lambda - N}{N - 1} \tag{4-18}$$

式中：C_i——指数权重的一致性指标。

$$C_r = \frac{C_i}{R_i} \tag{4-19}$$

式中：C_r——随机平均一致性指标，具体取值见表 4-7。

随机平均一致性指标表　　　　　　　　　　　　表 4-7

N 值	1	2	3	4	5	6
R_i 值	0	0	0.58	0.96	1.12	1.24

C_r 表示随机一致性比率。当 $C_r < 0.1$ 时，表示该指数权重打分的一致性检验通过，该专家的权重打分接受。当 $C_r \geq 0.1$ 时，表示该指数权重打分一致性检验未通过，该专家的权重打分不接受，舍弃。

(4) 计算最终权重

将最终通过一致性检验的专家权重加权平均，得到指标的最终权重。

4) 指标权重计算结果

(1) 内涵层指标权重

根据 9 位专家的权重打分，其中 5 个权重打分通过一致性校验，取 5 位专家的平均数，得到内涵层指标权重，其中发展基础、联运设施、联运服务的权重分别为 0.314、0.297、0.388。见表 4-8。

内涵层指标权重表　　　　　　　　　　　表 4-8

内涵指标	发展基础	联运设施	联运服务
指标权重	0.314	0.297	0.388

（2）指标层指标权重

按照上述方法确定发展基础、联运设施、联运服务三个方面的 21 个指标权重值，见表 4-9。

旅客联程运输发展指标权重表　　　　　　表 4-9

目标层	内涵层	指数层	权重
旅客联程运输发展指数	发展基础 0.314	1. 火车停靠车次数量	0.046
		2. 始发高铁动车车次数量	0.043
		3. 铁路客运量	0.040
		4. 民航航班数量	0.028
		5. 民航直达城市数量	0.024
		6. 民航客运量	0.020
		7. 公路客运量	0.031
		8. 公路客运班线数量	0.037
		9. 公交客运量	0.020
		10. 轨道交通里程	0.026
	联运设施 0.297	11. 机场通地铁情况	0.068
		12. 机场通铁路情况	0.084
		13. 重要火车站地铁连通率	0.054
		14. 重要火车站配置汽车客运站	0.023
		15. 机场候机楼数量	0.068
	联运服务 0.388	16. 跨城机场巴士线路数量	0.034
		17. 市区机场巴士线路数量	0.018
		18. 行李直挂	0.076
		19. 联运票务	0.110
		20. 安检互认	0.092
		21. 政策环境	0.058

（三）指数计算

旅客联程运输发展指数 D 根据以下公式计算：

$$D = \sum_{i=1}^{21} a_i Y_i \qquad (4\text{-}20)$$

式中：a_i——第 i 个指标对应的权重数；

Y_i——第 i 个指标无量纲化后的数值；

D——该城市的旅客联程运输发展指数。

三、评价分级

对市级行政单位的评价最终得分是所有一级评价指标得分之合，一级评价指标是所有二级评价指标得分之合，二级评价指标是所有三级评价指标得分之合。

对省级行政单位的评价最终得分是辖区内所有市级行政单位得分的平均分。直辖市即市级行政单位指数。

对全国的评价最终得分是辖区内所有省级行政单位得分的平均指数。

评价的等级分为四级。优、良、中、差四个等级。90以及上为优、80（含）~90为良、60（含）~80为中、60以下为差。见表4-10。

旅客联程运输发展指数划分表　　表4-10

发 展 指 数	等　　级
90以及上	优
80（含）~90	良
60（含）~80	中
60以下	差

四、评价组织和实施

（一）评价组织

市级行政单位的旅客联程运输发展水平评价工作由市级交通运输主管部门具体组织实施，由省级交通运输主管部门进行监督和检查。

省级行政单位的旅客联程运输发展水平评价工作由省级交通运输主管部门具体组织实施，由上级交通运输主管部门进行监督和检查。

（二）评价要求

（1）被评价单位应当保证原始数据的真实性、不得编造、虚拟、捏造、窜改数据。

（2）评价工作人员应当严格按评价指标体系和评价方法的要求进行评价。

（3）评价单位应当将结果及时告知被评价单位，并将评价结果进行公示。

（三）评价周期

每年组织一次旅客联程运输发展水平评价工作。

（四）评价时间

评价工作时间建议为每年的3月至6月。这段时期，各个城市的年度统计公报和统计年鉴基本已经公布，数据获取相对较为容易。

（五）评价流程

旅客联程运输发展水平评价工作按以下流程开展：

1. 自我评价

市交通运输主管部门于每年的3月开始，对照本评价指标和手册对本地区上一年的旅客联程运输发展各项指标进行自我评价、计算评价指数，完成评价报告，并于3月底前汇总至上一级交通运输主管部门。

2. 核查抽查

接到市报送的旅客联程运输发展评价报告的省级交通运输主管部门，应组织对市级进行实地审核，核定评价指数并进行公示。经公示无异议后，汇总至上一级交通运输主管部门。上一级交通运输主管部门负责对评价结果进行抽查。

3. 情况通报

交通运输部对省级交通运输主管部门上报的旅客联程运输发展水平评价报告进行汇总后，通报各省级交通运输主管部门。

（六）评价结果应用

旅客联程运输发展水平评价工作的结果主要可用于上级交通运输主管部门对辖区

内各地区的旅客联程运输发展水平进行科学的判断和评估,也可用于交通运输主管部门对本地区旅客联程运输发展存在的问题或欠缺的方面,从而提高当地的旅客联程运输发展水平。

各地区可以通过加强评价结果的应用,对旅客联程运输发展水平高或推进成效明显的城市进行政策倾斜,对推进旅客联程运输发展工作成果突出的地区通报表扬,对旅客联程运输发展工作进展缓慢的地区给予约谈和通报。

五、实例分析

考虑到要获取全国所有城市的数据非常困难,选择全国36个中心城市作为旅客联程运输发展指数进行实例分析。

(一)数据获取与处理

1. 火车停靠车次数量

将36个主要城市的重要火车站名单,通过查询铁路列车时刻表,把城市重要火车站的所有火车停靠车次进行加和,得到36个主要城市的火车停靠站次数量,排名前5的城市分别是广州、上海、南京、武汉、北京。

2. 始发终到高铁动车车次数量

将36个主要城市的重要火车站名单,通过查询铁路列车时刻表,把城市重要火车站的所有始发高铁动车车次进行加和,得到36个主要城市的始发高铁动车车次数量,排名前5的城市是上海、广州、北京、深圳、成都。

3. 铁路客运量

根据36个中心城市的统计年鉴,得到36个中心城市的铁路客运量,排名前5的城市分别是武汉、北京、济南、广州、上海。

4. 民航航班数量

将36个主要城市的民航机场名单,通过查询民航航班时间表,把所有机场的民航航班进行加和,得到36个主要城市的航班数量,排名前5的城市是上海、北京、广州、成都、深圳。

5. 民航直达城市数量

将36个主要城市的民航机场名单,通过查询民航航班时间表,把所有机场的民航航班进行加和,得到36个主要城市的航班数量,排名前5的城市是北京、上海、成都、广州、深圳。

6. 民航客运量

根据《2020年民航机场生产统计公报》,民航客运量排名前5的城市是上海、北京、广州、成都、深圳。

7. 公路客运量

根据36个中心城市国民经济和社会发展统计公报,公路客运量排名前5的城市是成都、贵阳、重庆、北京、广州。

8. 公路客运班线数量

通过查询36个主要城市的联网售票平台和第三方道路客运售票和时刻信息平台,获取道路客运班线数量,排名前5的城市是广州、北京、深圳、郑州、成都。

9. 公交客运量

根据《中国城市客运发展报告(2020)》,城市公交客运量排名前5的城市是北京、重庆、广州、上海、深圳。

10. 城市轨道交通里程

通过查询中国城市客运统计年报,获取36个主要城市的城市轨道交通里程,排名前5的城市是上海、北京、广州、南京、重庆。

11. 机场通地铁情况

通过查询百度地图等互联网平台,获取各城市的民航机场通地铁情况,其中地铁包括机场快轨、磁悬浮等形式,机场通地铁的城市有15个,包括北京、天津、呼和浩特、沈阳、上海、南京、郑州、武汉、长沙、广州、深圳、海口、成都、昆明、乌鲁木齐。

12. 机场通铁路情况

通过查询百度地图等互联网平台,获取各城市的民航机场通铁路情况,其中铁路包括国家铁路、城际铁路等形式,机场通铁路的城市有 11 个,包括北京、石家庄、长春、上海、郑州、武汉、长沙、海口、成都、贵阳、兰州。其中一体化模式的有一个,即北京大兴国际机场,交通中心(GTC)模式的有长春、上海、郑州、武汉、长沙、海口、成都、贵阳、兰州,接驳模式的有石家庄。

13. 重要火车站地铁连通情况

先列出 36 个主要城市的重要火车站名单,再通过查询百度地图等互联网平台,获取各城市的重要火车站通地铁情况,其中铁路包括城市轨道交通、磁悬浮、机场快轨等形式,实现全部重要火车站通地铁的城市有 10 个,包括北京、天津、上海、南京、杭州、福州、南昌、青岛、武汉、广州。

14. 重要火车站配置汽车客运站

先列出 36 个主要城市的重要火车站名单,再通过查询百度地图等互联网平台,获取各城市的重要火车站通地铁情况,其中铁路包括城市轨道交通、磁悬浮、机场快轨等形式,其中广州和深圳都有 4 个火车站配置了汽车客运站,哈尔滨、上海、厦门、重庆 4 个城市中有 3 个火车站配置了汽车客运站。

15. 机场城市候机楼数量

36 个中心城市机场城市候机楼的数量最多的是深圳和广州,分别有 30 个和 29 个城市候机楼,其余超过 10 个候机楼的城市是天津、石家庄、杭州、南京、昆明。

16. 跨城机场巴士线路数量

通过查询各城市民航机场网站,获取各城市的跨城机场巴士线路数量,排名前 5 的城市是重庆、杭州、南京、郑州、西安。

17. 市区机场巴士线路数量

通过查询各城市民航机场网站,获取各城市的市区机场巴士线路数量,排名前 5 的城市是北京、上海、杭州、广州、福州。

18. 行李直挂

全国实现行李直挂的城市较少,目前只有北京大兴国际机场在草桥地铁站、杭州萧山机场在杭州东站、广州白云机场在东莞部分城市候机楼、深圳宝安机场在东莞部分城市候机楼可以实现行李直挂。

19. 联运票务

目前,在携程、去哪儿网等第三方票务平台可以实现一站式购票,在东航和上海铁路局可以实现空铁一票制,但是还需要换铁路票。

20. 安检互认

全国可以实现安检互认的形式,仅限于铁路与城市轨道交通之间,目前全国可以实现铁路与城市轨道交通安检双向互认的综合客运枢纽有 5 个,分别为北京西站、天津站、天津西站、天津南站、成都犀浦站;实现城市轨道交通对铁路单向安检认可的枢纽有 11 个,分别是北京南站、上海虹桥、杭州东站、长沙南站、成都东站、厦门北站、苏州站、无锡站、贵阳北站、广州站、广州东站。

21. 政策环境

目前,全国层面出台了《关于加快推进旅客联程运输发展的指导意见》。青岛市、郑州市在交通运输规划或综合运输服务规划中有旅客联程运输相关的内容;天津、石家庄等城市对联运票进行补贴;北京对大兴机场设置在草桥地铁站的候机楼免费使用。

(二)指数计算

根据 21 个具体指标的计算结果,再结合 21 个指标的权重,计算得到全国 36 个主要城市的旅客联程运输发展指数,其中排名顺序为北京、上海、广州、深圳、成都、杭州、南京、天津、武汉、郑州、长沙、重庆、石家庄、西安、昆明、沈阳、青岛、长春、济南、海口、厦门、哈尔滨、贵阳、兰州、福州、合肥、呼和浩特、南昌、乌鲁木齐、大连、南宁、宁波、太原、银川、西宁、拉萨。见表 4-11 和图 4-1。

36 个中心城市 IPTI 排名　　　　　　　　　　　　表 4-11

排名	城市	IPTI 指数	排名	城市	IPTI 指数
1	北京	70.0	19	济南	18.9
2	上海	67.1	20	海口	18.4
3	广州	66.7	21	厦门	18.3
4	深圳	52.8	22	哈尔滨	17.9
5	成都	47.5	23	贵阳	17.5
6	杭州	42.6	24	兰州	17.4
7	南京	40.6	25	福州	16.8
8	天津	39.0	26	合肥	15.9
9	武汉	36.0	27	呼和浩特	15.0
10	郑州	33.5	28	南昌	13.1
11	长沙	32.1	29	乌鲁木齐	13.0
12	重庆	31.8	30	大连	12.2
13	石家庄	26.5	31	南宁	11.5
14	西安	25.2	32	宁波	11.1
15	昆明	23.7	33	太原	7.5
16	沈阳	23.1	34	银川	5.2
17	青岛	21.2	35	西宁	4.8
18	长春	21.1	36	拉萨	1.4

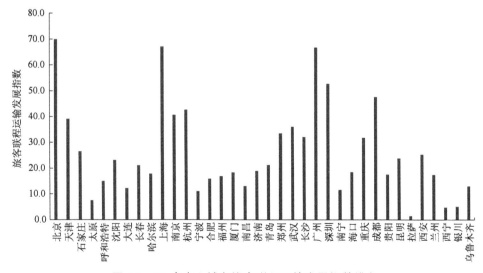

图 4-1　36 个中心城市旅客联程运输发展指数排名

（三）指数分析

通过实例分析发现，北京、上海、广州、深圳等城市依托其强大的枢纽功能，旅客联程运输发展指数较高，同时成都、杭州、南京、天津、武汉、郑州等区域中心城市旅客联程运输发展指数也较高，拉萨、西宁、银川等西部城市，旅客联程运输发展指数较低。

（四）指数校验

如表 4-12 和图 4-2 所示。

36 个中心城市 IPTI 指数与 GDP 排名　　　　　表 4-12

城 市	IPTI 排名	GDP 排名	城 市	IPTI 排名	GDP 排名
北京	1	2	济南	19	17
上海	2	1	海口	20	34
广州	3	4	厦门	21	26
深圳	4	3	哈尔滨	22	21
成都	5	7	贵阳	23	29
杭州	6	9	兰州	24	32
南京	7	10	福州	25	16
天津	8	6	合肥	26	18
武汉	9	8	呼和浩特	27	31
郑州	10	14	南昌	28	24
长沙	11	12	乌鲁木齐	29	30
重庆	12	5	大连	30	19
石家庄	13	23	南宁	31	27
西安	14	15	宁波	32	13
昆明	15	25	太原	33	28
沈阳	16	22	银川	34	33
青岛	17	11	西宁	35	35
长春	18	20	拉萨	36	36

通过旅客联程运输发展指数与 GDP 的排名比较可以看出，旅客联程运输发展指数排名与 GDP 排名基本一致。

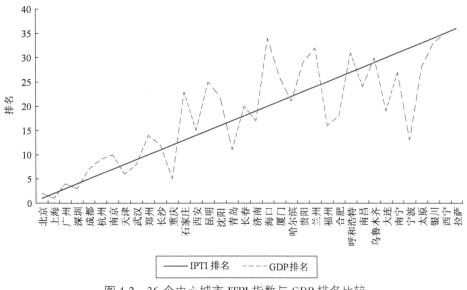

图4-2　36个中心城市ITPI指数与GDP排名比较

六、本章小结

本章构建了旅客联程运输发展评价体系,明确提出了我国旅客联程运输发展评价思路,明确了评价目的、评价思路、评价定位、业务范围、评价客体和评价原则。构建了涵盖铁路、公路、水路、民航、城市交通的旅客联程运输评价指标体系,包括21个评价指标,同时明确了每一个指标的计算方法,并且明确了每个指标的权重,最后计算出无量纲化的旅客联程运输发展指数。同时,以全国36个中心城市为例,计算了中心城市的旅客联程运输发展指数,结果显示,北京、上海、广州、深圳等城市依托其强大的枢纽功能,旅客联程运输发展指数较高,同时成都、杭州、南京、天津、武汉、郑州等区域中心城市旅客联程运输发展指数也较高,拉萨、西宁、银川等西部城市旅客联程运输发展指数较低。

第五章

CHAPTER FIVE

国外旅客联程运输发展现状及经验借鉴

一、国外旅客联程运输发展现状

（一）主要模式

国外很早就开始尝试旅客联程运输的发展，目前已开展的联运模式包括空铁联运和公铁联运服务，主要是集中在欧美国家。

德国、法国、瑞士等欧洲国家的航空公司和铁路企业充分利用其高度发达的航空、高铁网络及站点，合作开展空铁联运服务，包括联程客票销售和行李直挂托运。由于铁路公司为铁路车站和铁路段行程申请了国际航协的代码，航空公司可在自己的客票系统中销售铁路票。旅客出行时可选择购买由航空段和铁路段组成的联运客票，从而实现了民航航班和铁路车次信息一站式查询和客票一次性付款。得益于航空和铁路公司在线下的深度合作，旅客还可在铁路车站托运和提取由航空公司运输的行李，极大提高了出行体验。

美国拥有世界上最发达的航空网络，人均小汽车保有量极高，因此美国人一般采用飞机+小汽车的出行方式。但美国铁路公司为了将服务延伸至未开通铁路的城市尤其是加州等旅游地区，与地面运输企业合作，充分利用铁路和公路企业自主灵活的市场化经营体制优势，在全国范围内开通了公铁联运服务，与欧洲的空铁联运产品相同，旅客也可在美铁一次性购买公铁联程客票，乘坐美铁列车到站之后无缝换乘巴士等交通工具直达目的地。

1. 空铁联运

空铁联运在欧洲发展程度较高，航空公司和铁路运营公司合作，利用民航分销系统为旅客提供一站式购票、无缝衔接的全程运输服务，最为典型的和成功的案例是德国汉莎航空公司与德国铁路公司的空铁联运服务（Rail&Fly）。法国铁路公司的高铁+航空服务（TGV-Air）也类似，通过铁路和航空售票和支撑服务系统的对接，使得旅客能够方便地一次性购买铁路和民航客票，并享受预留座位、专用车厢、延误及时退改签等深度服务。

2. 公铁联运

欧洲国家的铁路运营和我国有很大的区别。首先，除了西班牙、法国、德国等少数几个国家有自己相对统一的国家铁路公司，其他多数国家的铁路运营市场化程度较高，一般有多家运营公司，且票种多样、票制灵活；其次，欧洲的铁路类型较多，包括接驳铁路、城际铁路、区域铁路、跨国铁路等；同时，欧洲铁路线网通达深度高，站点多且发车密度大。因此,较高的服务能力和市场化程度使得铁路成为欧洲旅客出行的重要方式。国外公铁联运典型的案例是美国铁路公司的美铁直通车服务(Amtrak Thruway Service)。法国铁路公司也有类似的公铁联运服务。

专栏 5-1:汉莎航空空铁联运

德国 Rail&Fly 空铁联运的主要运营方为德铁与多家航空公司。该产品为乘客提供联程火车票,用于从德国各主要机场前往德国任意火车站,或由任意火车站前往各机场。火车票与机票配合使用,在有效时间内不限定路线与车次。对于德铁火车无法前往的机场,Rail&Fly 为您提供区域公共交通服务。

德国空铁联运提供 6000+个德国火车站和 18 家机场之间的空铁联运服务。乘客可以通过德铁网站、铁路车票代理网站 AccessRail 网站(https://www.auesrail.com/,需要提前 24 小时订火车票)以及航空公司购买空铁联运票。AccessRail 是 IATA 旅行合作伙伴,现已拥有自己的承运人号码(9B)和航空公司会计代码(450)。乘客可利用 GDS 系统的航空公司主页购买飞机票和火车票并办理出票手续(图 5-1)。乘客自飞机起飞开始前 72 小时起,即可凭取票码在任一德铁自动售票机打印车票,在德国配有逾 3500 台德铁自动售票机。订票时并未确定乘坐的火车车次,取票时可设定,因此不需要过早取票,以免飞机晚点赶不上。乘客也可以通过 AccessRail 网站利用 13 位电子客票代码自行打印火车票。

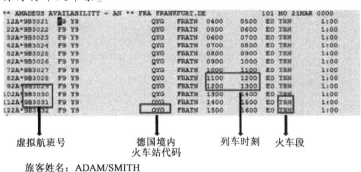

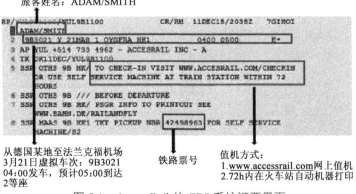

图 5-1　AccessRail 的 GDS 系统订票界面

专栏 5-2：美国铁路公司的美铁直连车服务（Amtrak Thruway Service）

国外的公铁联运典型模式以美国铁路公司的 Amtrak Thruway Service 为代表。美铁公司为将服务延伸至未开通铁路的城市，与众多道路客运企业合作在全美范围内开通了公铁联运服务，该服务以高速公路巴士服务为主，共计开通 72 条联运线路。旅客进行线路查询时，美铁网站会自动规划行程，显示铁路段和公路段的出行方案，旅客可选择并一次性购买联程客票，乘坐美铁列车到站之后无缝换乘巴士直达目的地（图 5-2）。

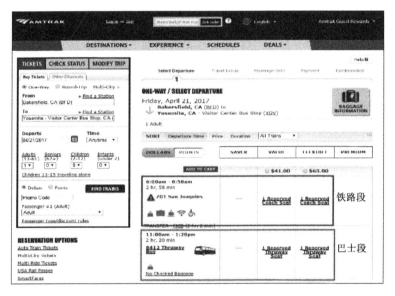

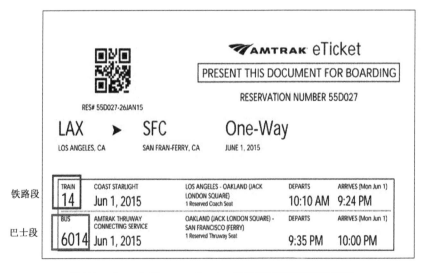

图 5-2　Amtrak Thruway Service 的订票界面和联运票样

（二）政策法规

1. 政策法规制定

20世纪90年代，欧盟就开始先后制定了包括交通环境影响绿皮书、公民网络绿皮书在内的多项促进旅客联程运输发展的举措，提出了推进联运服务的政策建议，要求在交通规划过程中考虑联运技术的应用如换乘枢纽、联运票务等方面。

1995年，欧盟在成立了联运专责小组，其目的是促进技术、系统、创新的概念和策略的发展，以提高客运和货运领域的联运业务的发展策略。2011年，欧盟出台交通政策白皮书《通往欧盟统一交通系统之路，建立更有竞争力、能源使用效率更高的交通系统》，提出要推动三项旅客联程运输重点工作，即综合票务、行李处理及出行的连续性。

2. 专项资金补助

欧盟根据旅客联程运输发展的需要，划拨专用资金支持空铁联运基础设施建设发展。2007年，机场电子商务计划开始实施，根据预测，到2025年欧洲的60个机场将造成严重拥堵。部分机场可以通过将短途的航班转移给铁路，集疏运部分旅客来缓解机场拥堵，同时改善机场与铁路之间换乘通道建设。欧盟委员会一直致力于铁路从机场到城市和地区段的建设，从欧洲区域发展和凝聚力基金中划拨专用资金来自助联运基础设施的建设。

在城市交通领域也有一些欧洲的政策措施和联运紧密联系。2007年，城市出行绿皮书中提到交通应该是协调、融合的，并将联运作为名为向城市出行的新文化，并将最终目标是通过优化各种交通组织最终形成联运模式。2009年，这项工作在城市出行行动计划中又一次阐述了旅客联程运输相关项目，包括一些重要的研究方面，包括改进信息系统、乘客权利、综合规划、绿色交通、分享经验和额外的资金补助等方面。

（三）研究项目

从20世纪末开始，欧盟就相继在欧盟第四、第五框架计划中，实施了众多关于联运的项目。这些项目的一类侧重点是战略层面；另一类侧重点是具体的操作层面，关注换乘和终端。而后，欧盟又相继实施了欧盟成员国间联合运输系统一致行动（Concerted Action for the Interconnection of Transport Systems in the Member States in Association with the European，CARISMA-Transport）项目，重点总结长途运输衔接的相关研究，提出远期建议。

欧洲运输和能源理事会资助的研究项目欧洲未来旅客联程运输趋势（Towards Passenger Intermodality in the EU)对旅客联程运输进行了研究,对旅客联程运输面临的现状、需要解决的关键问题、实施面临的障碍并提出了解决问题的建议和策略。

针对旅客联程运输中间的技术问题,特别是电子票务和信息系统方面,欧盟在信息社会技术计划(Information Society Technologies,IST)项目中也开展了众多的研究和示范应用,特别是欧盟第四框架计划中的 TAP-T 项目,并通过 IST 支持措施 CODE 和 ROSETTA 把这些交通信息化项目的成果集合在一起。后期完成的 ATLANTIC 项目针对实现联运交通和出行信息系统开展了深入的研究,在 EU-SPIRIT and TRANS-3(Trans-Basel)项目中首次试图建立欧洲区域内的欧洲联运信息系统,见表 5-1。

国外相关研究成果信息　　　　表 5-1

序号	研究题目	研究机构或学者
1	欧洲旅客联程运输:最佳实践实施案例 Intermodal Passenger Transportation in Europe:Catalogue of Best-Practice Implementation Examples	维也纳自然资源与应用生命科学大学景观、空间与基础科学系运输研究所 University of Natural Resources and Applied Life Sciences Vienna, Department of Landscape, Spatial and Infrastructure Sciences Institute for Transport Studies
2	从 A 到 Z 的欧洲旅客联程运输论坛 Passenger Intermodality from A to Z the European forum on intermodal passenger travel	欧洲委员会机动性和运输总局 The European Commission's Directorate-General for Mobility and Transport DG MOVE
3	旅客联程运输系统 The Intermodal Passenger Transport System	米切尔 Michele Michahelles
4	影响空铁旅客联运的因素 Factors of air-rail passenger intermodality	里斯本技术大学 Universidade Tecnica De Lisboa
5	发展中国家城市旅客联程运输可行性研究 A study on feasibility of passenger intermodal transport in city of developing world	法国国家运输和安全研究所 French National Institute for Transport and Safety Research
6	法兰克福机场空铁联运 AIrail in Frankfurt Airport	法兰克福机场 Frankfurt Airport
7	空铁联运协议:平衡竞争和环境影响 Air-rail intermodal agreements: balancing the competition and environmental effects	克里斯托弗·德克,英国牛津大学社会法律研究中心 Christopher Decker Centre for Socio-Legal Studies Oxford University, Oxford, UK
8	旅客联程运输数据库的背景、标准和应用研究 The Background, Criteria, and Usage of the Intermodal Passenger Connectivity Database	布鲁斯·戈德伯古,美国运输研究与创新技术管理系 Bruce Goldberg U. S. Department of Transportation Research and Innovative Technology Administration

(四)技术标准

国际上有关旅客联程运输的标准有欧洲标委会(CEN)出台的关于电子客票和无缝旅行的三个标准,侧重于欧洲通用电子客票用户需求以及票务系统可以交互操作的规范。国际航空运输协会(IATA)制定了一个关于多边联合运输的手册。欧洲标委会(CEN)出台的标准国际航空运输协会(IATA)对多边联合运输中取费标准和服务规范进行了规定,也涉及行李及货物丢失的索赔程序等相关规定。具体相关标准见表5-2。

二、对我国旅客联程运输发展的启示

国外旅客联程运输产品,无论联运模式如何、运营主体是谁,均秉承"提升服务,便捷出行"的指导思想。目的是提高旅客出行服务水平,提高航空、公路、铁路的客运吸引量。同时,国外在旅客联程运输的多模式经营方面开展了诸多有益的探索和工作,有以下几方面值得我国旅客联程运输发展借鉴。

(一)市场化运营是推动旅客联运发展的重要前提

从国外经验来看,欧美国家铁路、公路、民航等客运领域的市场化程度都较高,为公路和铁路企业间的深度合作创造了有利条件,双方可以充分利用公铁线网资源和灵活的定价机制,为旅客提供更多的线路选择、更好的一站式服务。未来我国旅客联运发展有赖于客运市场的进一步改革和开放。

(二)政府支持引导是旅客联程运输健康发展的重要保障

旅客联程运输涉及环节多、参与主体复杂、利益诉求多元,在发展的初始阶段,需要政府加以引导、扶持和监督,以营造良好市场秩序。欧美发达国家的旅客联程运输发展历程表明,在旅客联程运输发展起步阶段政府的适度扶持,以及旅客联程运输发展步入正轨后政府严格有效的监管,对保障旅客联程运输健康发展意义重大。

(三)基础设施高效衔接是提升联运品质的重要依托

旅客联程运输涉及多个运输环节,旅客需要多次换乘,这些换乘都以综合客运枢纽等交通基础设施为载体进行的。欧美等发达国家旅客联程运输发展较好,与其综合客运枢纽一体化运营管理、换乘设施便捷高效息息相关。欧美等发达国家在规划设计枢纽

表 5-2　国际旅客联程运输标准统计表

序号	标准名称	标准代号	摘　要	年　份
1	Facilitating Smart Card Technology for Electronic Ticketing and Seamless Travel-Part 1: EU Policy and User Requirements 基于智能卡技术的电子客票的应用和无缝衔接旅行-第1部分:欧盟政策和用户需求	CEN/WS FAS CWA 14838-1:2003 (WI = WSFAS001)	CWA 14838-1:2003 的目的是提供一个基于智能卡的电子售票方案的概述,并为这些计划的推出和操作提供基于关键要求的指导。对于用户的要求,本文件涉及以下主要用户的要求:客户、客运经营者、组织机构。一方面,客户需要从一个给定的 A 点到另一个点 B(需求),而在另一端客运经营者根据需求部分或完全满足客户这一需求(供给)运输服务。票务为客户提供了使用这些政策的途径	2003-11-19
2	Facilitating Smart Card Technology for Electronic Ticketing and Seamless Travel - Part 2: Development of Smart Card Based Interoperable Ticketing Systems 基于智能卡技术的电子客票的应用和无缝衔接旅行-第2部分:基于智能卡的可交互操作票务系统的开发	CEN/WS FAS CWA 14838-2:2003 (WI = WSFAS002)	CWA 14838-2:2003 的目的是提供关于基于商业应用引入一个开放的基于智能卡的电子票务方案和采购策略的指引。本标准贯穿始终的原则是一个强大的商业应用中系统转换成本和风险。安全性任初始阶段就必须考虑,从而采取适当的措施可以嵌入任何系统设计之初	2003-11-19
3	Facilitating Smart Card Technology for Electronic Ticketing and Seamless Travel - Part 3: Catalogue of Technical and Business Process Requirements 基于智能卡技术的电子客票的应用和无缝衔接旅行-第3部分:技术和业务流程需求目录	CEN/WS FAS CWA 14838-3:2003 (WI = WSFAS003)	本标准项目是为读者提供起草规范的智能卡的票务计划的可操作业务和技术流程指导	2003-11-19
4	Multilateral Interline Traffic Agreements (MITA) Manual 多边联运交通协议手册	手册	多边联运交通协议(MITA)手册中包含客运和货运联运协议,即在收费和提供服务时应该遵守的规则。它也给涉及多边联运协议的各方,提供完整的信息。本手册还包括有关货物索赔程序和多边联运服务收费协议的所有相关信息·客运及货物	每年出版两次

换乘站时,紧紧围绕旅客的感受和体验,充分考虑旅客对换乘时间、换乘通道、电梯传送带、等待时间、售票机点位及通达性等诸多因素,有力保障了枢纽内各种运输方式的便捷换乘。

(四)加强技术创新及标准制定是发展旅客联程运输的重要支撑

在旅客联程运输技术创新和研发、技术标准制定方面,我国处于起步阶段,电子客票及相关系统建设等方面一直存在瓶颈。欧盟从20世纪末开始便实施了众多关于旅客联程运输的技术研究项目及相关标准制定。特别是电子票务和信息系统方面,欧盟在IST项目、TAP-T项目中也开展了众多的研究和示范应用,并且在EU-SPIRIT和TRANS-3(Trans-Basel)项目中首次建立欧洲区域内的欧洲联运信息系统,早在2003年欧盟便出台《基于智能卡技术的电子客票的应用和无缝衔接旅行 第1部分:欧盟政策和用户需求》等相关旅客联程运输标准,上述技术创新研发及相关标准的制定,为在欧盟范围内发展旅客联程运输,特别是为不同运输方式间的信息的互联互通提供了技术保障。

(五)企业联盟是旅客联程运输发展的有效载体

国外在推动旅客联程运输发展的过程中,非常重视企业联盟的作用。欧盟利用三年的时间建立了空铁旅客联程运输联盟,成员包括航空公司、铁路公司、民航机场、铁路车站企业等。该联盟致力于从空铁联运专享服务、网络分销系统以及相关保护协议等方面,深刻挖掘旅客联程运输发展瓶颈并寻找解决方法,为机场、铁路、民航和乘客间实现互利共赢发挥了重要作用。在当前我国综合交通运输体制机制尚未完全理顺的条件下,可借鉴学习欧盟经验,鼓励和支持企业间建立旅客联程运输联盟,在商业模式创新、竞合关系处理、权利义务划分等方面积极探索并逐步推广复制。

三、本章小结

本章对德国、法国、瑞士、英国等国家的空铁联运、公铁联运等旅客联程运输发展模式进行了梳理,同时对国外的旅客联程运输政策法规、专项资金补助,以及研究项目和技术标准情况进行了研究,最后从市场化运营、政府支持引导、基础设施高效衔接、技术创新和标准制定等方面提出了对我国旅客联程运输发展的启示。

CHAPTER SIX 第六章

旅客联程出行时空特征分析

一、现有方法概述

手机信令数据是指手机开机状态时与移动通信基站定期或不定期进行通信以维持移动通信服务而产生的数据。移动通信系统将服务区分割成许多小区，当用户携带手机进入某一小区时，系统就要对手机所处的小区位置进行更新，而系统的数据中也会出现相应的小区 ID 标识。手机信令数据记录了用户通话、地理位置、数据传输行为等信息，具有样本量大、可追溯到自然人、更新速度快、空间完整、时间连续、采集信息无感知等优点，同时在数据搜集、清洗、建模分析、结果表达方面已存在较为成熟的方法。

手机信令数据在交通规划相关研究中应用较为广泛，如职住空间分析、交通调查和交通规划、交通 OD 提取、居民出行需求特征分析、道路交通状态识别和预测、用户出行行为、人口流动、居住地识别、公交行程时间预测等领域。在利用手机信令数据分析居民出行方式方面也有若干成果，Bloch 等人利用信令数据中位置数据和传感器数据，建立机器学习模型识别居民出行方式；杜亚朋等人将信令数据与导航地图数据相结合，利用聚类算法和时间关联性算法，实现步行、驾车、公共交通等出行方式的识别；Anderson 等人依据信号强度、波动强度及服务小区数量来估计手机的速度，进而识别手机用户的交通方式，利用隐式马尔科夫模型，可达到 82% 的识别精度；李振邦等人分别利用数据挖掘和出行方式的隶属度函数对手机用户出行方式进行了识别并建立了相关模型；Wang 等人利用手机呼叫的信令数据，通过时间确定用户的运动路径并对相同起点和终点上的用户进行 K-means 聚类，对比每组用户所使用的平均时间与谷歌地图上对应路程所提供的时间，估计每组人所使用的交通出行方式，进而推断每种交通方式在相应道路上的比例；章玉通过对基站监测范围的划分，分析了不同节假日期间的交通枢纽运行特征，实现了对客流的实时监测；李祖芬等人运用地理信息系统将手机数据映射至所研究的区域进行了小区划分、建立 OD 矩阵得到了居民的出行时空分布特征。

综上，目前使用手机信令数据识别旅客出行方式的方法存在一定的局限：一是多基于复杂的数学模型和理论方法，强调模型参数的标定和数学计算方法上的深化，单纯通过行驶速度和行程时间来识别旅客出行方式，得到的结果存在不符合实际的问题；二是旅客出行方式的判断多集中在市内出行，缺乏对于跨区域出行方式判断的研究；三是数据分析工作量大，运算成本高。

二、信令数据介绍

本次分析使用的手机信令数据采集频率和颗粒度约 30 分钟 1 次,包括如表 6-1 所示的五大类数据。

1. 基础位置数据

基础位置数据存储移动通信基站、基站所在网格和道路节点的位置信息,包括基站及其所在网格的经纬度坐标、所处省区市等数据。

2. 驻留数据

根据系统设定,用户在某一个位置停留时间超过 30 分钟时被判定为驻留。驻留数据包括驻留开始和结束时间、驻留位置、驻留频次等。

3. 出行数据

根据系统设定,用户在两次驻留间的行为被判定为出行。出行数据包括出行开始和结束时间、出行位置、出行速度、行程时间、出行经过基站和道路节点等,出行数据实际上就是所有旅客的所有出行链根据驻留行为被截断打碎后的最小出行链的集合。

4. 用户属性数据

用户属性数据存储了用户的个人基本资料、上网服务记录等信息。

5. 编码数据

编码数据储存用户身份证户籍所在地、上网行为标签、所在地区信息。

联通手机信令数据见表 6-1。

联通手机信令数据　　　　　　　　　　表 6-1

分类	表名	数据更新周期	时间粒度	数据说明
基础位置	grid	不变	—	基站位置网格
	route_node	不变	—	道路节点
	cell_info	月度	—	基站信息

续上表

分类	表名	数据更新周期	时间粒度	数据说明
驻留	stay_month	月度	日表	月驻留信息
	stay_poi	月度	月表	月驻留位置汇总
出行	move_month	月度	日表	月出行信息
	move_rn	月度	月表	出行经过道路节点
	move_vp	月度	日表	出行途经基站
用户属性	user_attribute	月度	月表	用户属性
	user_label_info	月度	月表	用户上网标签
	user_app	月度	月表	用户 App 使用情况
编码	area_code	不变	—	地区码表
	label_codes	不变	—	上网标签码表
	id_code	不变	—	身份证前 6 位对应地区

根据识别方法基本原理和手机信令数据内容，用于旅客出行方式识别的信令数据表为基站位置网格表（grid）和月出行表（move_month），存储的核心信息分别如表 6-2、表 6-3 所示。

基站位置网格表（gird）　　　　　　　　　　表 6-2

字段名	数据说明	数据格式
grid_id	位置网格编号	Bigint
length	网格边长	Int
centroid_Lat	网格中心点纬度	Double
centroid_Lon	网格中心点经度	Double
wkt	网格 wkt	String
zone_id	区县编码	String
province	省份编码	String
city	城市编码	String

月出行表（move_month）　　　　　　　　　　表 6-3

字段名	数据说明	数据格式
uid	用户 ID	String
stime	出行起始时间	Timestamp
etTime	出行结束时间	Timestamp

续上表

字 段 名	数据说明	数据格式
start_grid_id	出行起始网格编号	String
end_grid_id	出行结束网格编号	String
distance	行驶距离	bigint
speed	行驶速度	int
time	行程时间	int

三、基本原理和思路

本研究数据分析方法的核心目标是，基于手机信令数据记录的旅客出行特征信息，识别联运出行行为并判断具体出行方式。手机信令数据主要记录旅客出行的以下三方面特征信息。

1. 旅客位置

旅客选择不同出行方式时必然会在相应的交通场站（机场、汽车站、火车站等）出现和驻留，可能是其在某一个场站换乘不同的交通工具而产生驻留行为，也可能是因为汽车、火车、飞机等经停某一场站，在出现和驻留期间，其位置、速度、通信行为等特征信息被记录了下来。旅客换乘驻留时，由于要进行进出站、安检、购票、休息餐饮等活动，因此其在场站范围内活动的区域较大、停留时间较长；而过站经停时，由于不下车或没有进出站行为，其在场站内的活动范围较小、停留时间较短。

2. 行驶路径

旅客选择不同出行方式产生的行驶路径不同，民航最为独特，即旅客无行驶路径信息，只在机场周围有驻留行为和相应的位置信息；铁路和公路出行的行驶路径一般沿铁路线、公路线和城市道路路网展开，其中公路出行信令数据产生的位置信息在起讫点周围有可能与城市内出行相混淆，城市间出行的数据相对较为"干净"。

3. 行驶速度

旅客选择不同的交通工具，行驶速度必然不相同，民航速度最快，铁路次之，公路较低。

从旅客出行三个典型特征的分析可以看出，位置是携带出行信息最多的一类特征，因为旅客选择不同交通工具出行时必然会在不同交通场站附近留下痕迹，尤其是驻留位置等信息。因此，本书研究将基于研究旅客联程出行行为特征，紧密贴近旅客联程运输发展的实际和规律，利用手机信令数据大样本量的优势，改变以往就数据分析数据、大范围无差别"捞"数据的弊端，利用不同交通场站的位置和旅客出行中位置的联系，聚焦在不同交通场站周围出现的有效旅客出行数据，以期尽可能简化并优化旅客出行方式识别算法，降低算法模型复杂程度和计算量，使算法能与实际业务在逻辑上达成一致。

四、数据分析过程

根据分析的基本原理和思路，提出以下技术路线，如图 6-1 所示。

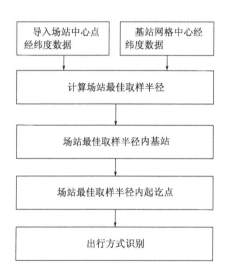

图 6-1　分析技术路线

1. 导入场站中心点经纬度数据

为了利用交通场站的地理位置筛选旅客出行数据，将分析区域的各类交通场站中心点的经纬度、所属市县等信息录入系统并建立新的站点属性表（station_info），存储的具体信息如表 6-4 所示。

站点属性表(station_info) 表6-4

字 段 名	数据说明	数据格式
station_name	站点名称	String
station_id	站点编号	String
Lat	纬度	Double
Lon	经度	Double
zone_id	区县编码	String
zone_name	区县名称	String
city_id	城市编码	String
city_name	城市名称	String
province_id	省份编码	String
province_name	省份名称	String

2. 计算场站数据最佳取样半径

月出行表(move_month)记录的出行数据覆盖所有区域,对识别铁路、民航、公路等几种主要出行方式有较大的干扰,因此需要筛选出行起讫点都落在交通场站范围内且起讫点不在同一场站范围内的出行数据。这个范围要同时兼顾两方面的因素:一是尽可能多地获得手机信令数据,二是控制和节约运算成本。这个范围对应的半径称为场站数据取样最佳半径。

首先确定不同场站范围的半径阈值。不同场站的规模不同,半径阈值的选取要尽可能覆盖不同大小的场站,汽车站、火车站和机场最大半径值为三种场站最大面积按照圆面积换算得到的半径,最小半径值同理可得。各种交通站点半径阈值如表6-5所示。

不同类型站点对应的半径阈值 表6-5

车 站 类 型	半径阈值(m)
汽车站	150～500
火车站	500～2000
飞机场	1000～3000

然后计算出行起讫点和场站中心点间的距离。旅客出行行为和驻留点的位置和与旅客手机产生通信的基站的位置有关,这是由手机通信环境和定位原理决定的,因此可用基站网格中心点位置代替旅客位置,因此,应当首先建立基站网格中心点经纬度表(grid_center),以方便计算。

create table grid_center as

select grid_id, length, centroid_lat, centroid_lon,

default.ST_Point(centroid_lon, centroid_lat) as center_pt from grid.

考虑地球为椭圆体,故不能简单利用欧式距离表达两个定位点之间的距离,本书采用如下计算公式计算两点间的距离。

$$d = 2r\arcsin\sqrt{\sin^2\left(\frac{\varphi_2-\varphi_1}{2}\right)+\cos\varphi_1\cos\varphi_2\sin^2\left(\frac{\lambda_2-\lambda_1}{2}\right)} \quad (6\text{-}1)$$

式中:r——地球半径;

φ_1、φ_2——点1和点2的纬度;

λ_1、λ_2——点1和点2的经度。

最后确定不同场站的数据取样最佳半径。针对不同场站,在半径阈值中选取某一半径值 r 计算对应面积能获得的月出行表(move_month)中的出行起讫点数量 N,通过式(6-2)计算出行起讫点点密度 p。

$$p = \frac{N}{\pi r^2} \quad (6\text{-}2)$$

通过迭代试算,取最大出行起讫点密度对应的半径值为该场站的数据取样最佳半径,对应的区域为该场站旅客有效聚集区域。在确定每个场站的数据取样最佳半径后,删除对应场站半径外的出行数据,更新月出行表(move_month),建立车站最优半径区域表(station_buffer)。

drop table if exists station_buffer;

create table station_buffer as

select station_name,

wkt_id station_id,

zone_name,

zone_id,

station_ty station_type,

ST_GeomCollection(wkt_xy) as zone_polygon(半径)

fromstation_info.

3. 筛选场站最佳取样半径内出行

因此,通过筛选场站最佳取样半径周围的基站进而筛选出相应的旅客出行,且提出在某个站点驻留的出行行为产生的数据,得到新的用于方式识别的出行表。主要计算过程包括以下两步。

(1)筛选场站最佳取样范围内的基站表(station_grid)。

drop table if exists station_grid;

create table station_grid as

select p. grid_id,

t. station_id,

t. station_name,

t. zone_id,

t. zone_name,

t. station_type

from grid_center p, *station_buffer t*

where ST_Contains(*t. zone_polygon*, *p. center_pt*).

(2)筛选场站最佳取样范围内的出行表(move_month_station)。

drop table if exists move_month_station;

create table move_month_station as

*select * from (*

*select m. * ,*

n. station_id d_station_id,

n. station_name d_station_name,

n. zone_id d_zone_id,

n. zone_name d_zone_name,

n. station_type d_station_type from (

*select a. * ,t. station_id ,t. station_name ,t. zone_id ,t. zone_name ,t. station_type*

from move_month a inner join station_grid t on a. start_grid_id = t. grid_id

) m inner join station_grid n on m. end_grid_id = n. grid_id

) t where station_name < >d_station_name.

4. 出行方式识别

从新建的出行表(move_month_station)中计算统计各种出行组合的次数。

select count(uid)

from

move_month_station

where

zone_id < > d_zone_id

andzone_name < > d_zone_name

and station_name < > d_station_name(不同方式出行)

andstation_type < > d_station_type

Selectcount(uid)

from

move_month_station

where

zone_id < > d_zone_id

andzone_name < > d_zone_name

andstation_name < > d_station_name

and station_type = d_station_type(同方式出行).

通过出行起讫点所在场站的类型,初步判断旅客出行方式,具体判别规则如表6-6所示。

出行方式判别规则　　　　　　表6-6

起始站类型	终点站类型	出行方式
汽车站	汽车站	公路
汽车站	火车站	公铁
汽车站	机场	公航
火车站	汽车站	公铁
火车站	机场	空铁
机场	汽车站	公航
机场	火车站	空铁

续上表

起始站类型	终点站类型	出行方式
火车站	火车站	铁路
机场	机场	航空

然后根据表6-7所示的不同出行方式的速度阈值(根据经验标定),再次校核月出行数据,删除各出行方式中旅客行驶速度在对应出行方式阈值外的出行数据。

不同出行方式下的速度阈值(单位:km/h)　　　　表6-7

交通方式	公路	铁路	航空
速度阈值	30~90	60~300	600~1000

五、旅客联程出行时空特征实例分析

1. 2018年广东省国庆期间

本次分析的数据为2018年10月1日—2018年10月15日广东省内各地市往来广州市的联通用户产生的手机信令数据,原始出行数据8000余万条,涉及广东省内8个机场、684个汽车站、127个火车站的信息(部分站点信息如表6-8和图6-2所示),基站位置网格表(grid)存储了GIS网格信息,在WGS84坐标系下绘制,边长为250m,覆盖整个广东省。

部分站点信息　　　　表6-8

站　点	经　度	纬　度	最佳半径/(m)	半径阈值/(m)
广州白云国际机场	113.31323	23.395886	2750	1000~3000
梅县长岗发机场	116.109814	24.266978	1625	1000~3000
广州北站	113.210362	23.383175	1531.25	500~2000
梅州站	116.137523	24.26475	1062.5	500~2000
长途汽车客运站	113.262104	23.153054	412.5	150~500
梅州汽车站	116.117773	24.321366	325	150~500

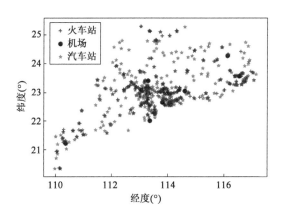

图 6-2 广东省各运输方式场站地理位置图

数据分析过程共筛选出 1071212 条有效出行数据,各出行方式换乘出行次数如表 6-9 所示。可以看出,铁路出行次数最多,民航最少。在联程出行模式出行人数方面,空铁联运 108461 人次,公铁联运 327158 人次,空巴联运 25906 人次,即公铁联运客运量占比最高,这与我国以公路、铁路为主要的群众出行方式的基本国情吻合。

出行次数统计表(单位:人次) 表 6-9

目的站点	出 行 站 点			
	机场	火车站	汽车站	总计
机场	2064	58690	13617	74371
火车站	49771	568926	162143	780840
汽车站	12289	165015	38797	216001
总计	64124	792631	214457	1071212

铁路、民航、公路单方式出行热门线路统计如表 6-10 ~ 表 6-12 所示。由表可知,省内民航出行量较少,铁路出行热门线路主要围绕广州、深圳两个大城市的铁路站,公路出行热门线路集中在广佛之间。

民航出行热门线路统计(单位:人次) 表 6-10

出 发 站 点	到 达 站 点	出发区县	到达区县	出发城市	到达城市	统计数
佛山沙堤机场	广州白云国际机场	南海区	白云区	佛山市	广州市	439
广州白云国际机场	佛山沙堤机场	白云区	南海区	广州市	佛山市	378
揭阳潮汕国际机场	广州白云国际机场	榕城区	白云区	揭阳市	广州市	345

铁路出行热门线路统计(单位:人次)　　　　表 6-11

出发站点	到达站点	出发区县	到达区县	出发城市	到达城市	统计数
广州东站	深圳站	天河区	罗湖区	广州市	深圳市	13789
广州南站	容桂站	番禺区	顺德区	广州市	佛山市	12059
深圳站	广州东站	罗湖区	天河区	深圳市	广州市	11325
广州南站	深圳北站	番禺区	龙华区	广州市	深圳市	10094
深圳北站	广州南站	龙华区	番禺区	深圳市	广州市	9883

公路出行热门线路统计(单位:人次)　　　　表 6-12

出发站点	到达站点	出发区县	到达区县	出发城市	到达城市	统计数
佛山大沥汽车客运站	白云金贵客运站	南海区	白云区	佛山市	广州市	81
白云金贵客运站	佛山大沥汽车客运站	白云区	南海区	广州市	佛山市	67
广州市荔湾区石围塘车站	江门市胜利汽车客运站	荔湾区	蓬江区	广州市	江门市	45
佛山大沥汽车客运站	夏茅汽车站	南海区	白云区	佛山市	广州市	41
佛山石湾汽车站	广州市荔湾区石围塘车站	禅城区	荔湾区	佛山市	广州市	37

不同联程出行方式热门线路统计方面,公铁联运热门线路集中在广州和深圳两个大城市的铁路站和汽车站之间(表 6-13),空铁联运、空巴联运的热门线路更加集中,基本全部为广佛之间的机场和火车站之间(表 6-14、表 6-15)。总体来看,广州、深圳两大枢纽城市的客流集疏运效应突出,广佛城际出行联系较为密切,佛山机场的潜力较大。

公铁联运热门线路统计(单位:人次)　　　　表 6-13

出发站点	到达站点	出发区县	到达区县	出发城市	到达城市	统计数
深圳站	广州客运站	罗湖区	越秀区	深圳市	广州市	484
广州客运站	深圳站	越秀区	罗湖区	广州市	深圳市	426
深圳站	广州东站汽车站	罗湖区	越秀区	深圳市	广州市	347
广州南站	湾仔沙广场站	番禺区	香洲区	广州市	珠海市	341
佛山市大良客运总站	广州西站	顺德区	荔湾区	佛山市	广州市	340
佛山市大良客运总站	广州站	顺德区	越秀区	佛山市	广州市	303
广州西站	韶关站南路长远客运站	荔湾区	浈江区	广州市	韶关市	301

续上表

出发站点	到达站点	出发区县	到达区县	出发城市	到达城市	统计数
广州站	韶关站南路长远客运站	越秀区	浈江区	广州市	韶关市	292
佛山城巴总站	广州西站	禅城区	荔湾区	佛山市	广州市	293
广州客运站	深圳西站	越秀区	南山区	广州市	深圳市	289

空铁联运热门线路统计（单位：人次） 表6-14

出发站点	到达站点	出发区县	到达区县	出发城市	到达城市	统计数
广州南站	佛山沙堤机场	番禺区	南海区	广州市	佛山市	2699
广州西站	佛山沙堤机场	荔湾区	南海区	广州市	佛山市	1244
佛山沙堤机场	广州西站	南海区	荔湾区	佛山市	广州市	1070
广州站	佛山沙堤机场	越秀区	南海区	广州市	佛山市	1017
佛山沙堤机场	广州南站	南海区	番禺区	佛山市	广州市	906
佛山沙堤机场	广州站	南海区	越秀区	佛山市	广州市	871
广州南站	深圳宝安国际机场	番禺区	宝安区	广州市	深圳市	561
佛山站	广州白云国际机场	禅城区	白云区	佛山市	广州市	560
佛山沙堤机场	广州东站	南海区	天河区	佛山市	广州市	541
广州白云国际机场	佛山站	白云区	禅城区	广州市	佛山市	528

空巴联运热门线路统计（单位：人次） 表6-15

出发站点	到达站点	出发区县	到达区县	出发城市	到达城市	统计数
佛山沙堤机场	广州市荔湾区石围塘车站	南海区	荔湾区	佛山市	广州市	150
广州市荔湾区石围塘车站	佛山沙堤机场	荔湾区	南海区	广州市	佛山市	111
东莞桥头汽车总站	广州白云国际机场	东莞市	白云区	东莞市	广州市	95
广佛汽车站	佛山沙堤机场	荔湾区	南海区	广州市	佛山市	77
广州白云国际机场	东莞桥头汽车总站	白云区	东莞市	广州市	东莞市	76
佛山沙堤机场	广佛汽车站	南海区	荔湾区	佛山市	广州市	75
广州罗冲围汽车客运站	佛山沙堤机场	白云区	南海区	广州市	佛山市	73
广州白云国际机场	佛山城区客运站	白云区	禅城区	广州市	佛山市	72
广州白云国际机场	东莞南城汽车站	白云区	东莞市	广州市	东莞市	63
佛山城区客运站	广州白云国际机场	禅城区	白云区	佛山市	广州市	62

2. 2019 年全国春运期间

1）联运模式比例

四种联运模式中,公铁联运量最大、空铁联运量最小,见表 6-16。

2019 年春运旅客联程运输各模式占比　　　　　　　　　　表 6-16

分模式不分方向联运模式	占比
公铁	76.3%
公铁航	14.5%
公航	8.6%
空铁	0.5%

2）热门起讫点城市

（1）联运起点城市

节前人口迁出量排名前十的城市中,采用旅客联程运输出行的旅客排名是:广州市、北京市、上海市、深圳市、佛山市、苏州市、东莞市、天津市、重庆市、杭州市,多数为对劳动者吸引力较强的发达城市,京津冀、长三角、珠三角地区仍然是我国劳动人口聚集的重点区域。

（2）联运目的地城市

目的地城市排名前十的是:重庆市、衡阳市、上海市、北京市、达州市、广州市、湛江市、南充市、茂名市、哈尔滨市。目的地排名前十城市中,除北京、上海、广州等一线城市外,衡阳、达州、湛江、南充、茂名都属于铁路、民航等直达交通不便利的地区,联运的需求较为旺盛。

3）热门联运线路

（1）公铁联运

公铁联运排名前十的热门线路是:广州市至衡阳市、广州市至重庆市、重庆市至广安市、重庆市至达州市、重庆市至南充市、广州市至郴州市、广州市至永州市、佛山市至湛江市、佛山市至茂名市、广州市至邵阳市。总体上看,公铁联运较为旺盛的地区往来于广东和西南地区。

（2）空铁联运

空铁联运排名前十的热门线路是:北京市至哈尔滨市、北京市至长春市、东莞市至长沙市、广州市至长沙市、天津市至哈尔滨市、深圳市至常德市、深圳市至岳阳市、东莞市至岳阳市、广州市至衡阳市、上海市至重庆市。总体上看,空铁联运的出发地多为发达城市,这与旅客的身份相符。

（3）公航联运

公航联运量排名前十的线路是:广州市至北京市、上海市至北京市、深圳市至北京市、广州市至上海市、北京市至上海市、深圳市至上海市、北京市至三亚市、上海市至深圳市、北京市至深圳市、广州市至重庆市。总体上看,公航联运的出发地与空铁联运的出发热门城市有较多重叠,集中于北上广深四个一线城市。

4）热门中转城市

中转城市排名前十的是：广州市、深圳市、东莞市、上海市、佛山市、北京市、苏州市、天津市、杭州市、南京市。

(1) 空铁联运热门中转城市

空铁联运中转城市排名前十的是：广州市、天津市、北京市、长沙市、深圳市、上海市、哈尔滨市、武汉市、重庆市、昆明市。

(2) 公铁联运热门中转城市

公铁联运中转城市排名前十的是：广州市、深圳市、东莞市、上海市、佛山市、苏州市、北京市、天津市、杭州市、南京市。

(3) 公航联运热门中转城市

公航联运中转城市排名前十的是：广州市、深圳市、上海市、北京市、成都市、杭州市、昆明市、重庆市、天津市、长沙市。

5）热门中转枢纽

(1) 热门中转机场

旅客联运中转量排名十的机场是：上海虹桥国际机场、深圳宝安国际机场、太原武宿国际机场、成都双流国际机场、广州白云国际机场、哈尔滨太平国际机场、长春龙嘉国际机场、合肥新桥国际机场、海口美兰国际机场。

(2) 热门中转火车站

旅客联运中转量排名十的火车站是：上海站、北京西站、广州西站、广州南站、济南西站、长沙南站、上海虹桥站、中川机场站、太远南站、深圳西站。

六、本章小结

本章为深入分析旅客联程运输的特征,以大数据分析为手段,利用手机信令数据,建立了基于手机信令的旅客联程运输特征分析技术和方法,明确了分析过程,并以2019年全国春运和2018年广东省国庆黄金周为例,对我国旅客联程运输发展时间特征进行了分析。

第七章

CHAPTER SEVEN

旅客联程运输发展战略及推进路径

一、发展趋势

（一）旅客联程运输总体规模将持续增长

我国旅客联程运输发展已经初具雏形，随着管理体制和基础设施的不断完善以及移动互联网、新一代通信技术的应用，我国旅客联程运输必将加快发展。

(1) 综合立体交通基础设施网络逐步建立，为旅客联运发展提供了硬件支撑。

近年来，我国交通基础设施建设取得了显著成效，高铁、高速公路、民航机场等交通运输基础数量不断增加、网络逐步完善、覆盖地区不断扩大，综合客运枢纽建设稳步推进，各运输方式服务能力和保障水平显著增强，跨方式、一体化、多层次、集约高效的综合客运体系正在加速形成。

(2) 大部门管理体制改革加快推进，为旅客联运发展提供了体制保障。

国家层面已经建立起"一部三局"的大部门体制，部与国家局建立了运行协调机和统筹发展机制。地方交通运输大部门制体制机制改革正在不断深化，17 个省市基本建立了综合交通运输大部门管理体制或运行协调机制。

(3) 旅客运输实名制加快实施，为旅客联运发展提供了重要抓手。

目前铁路、民航以及部分省际市际客运班线和重点区域水运均已实现实名售票、实名查验。作为法定身份证件，第二代居民身份证已全国联网，居民身份证号码准确性、唯一性、权威性目标已基本实现。与第一代证件相比，第二代身份证便于机读、抗伪性强，为旅客联运实名查验、一证通达提供了重要基础条件。

(4) 移动互联网等新技术加快应用，为旅客联运发展提供了技术条件。

移动互联网、大数据、云计算、物联网等技术在旅客联运领域的普及应用，为实现综合运输服务供给能力与旅客运输需求的精准匹配提供了技术支撑，将有力提升旅客联运的服务能力和水平。

（二）空铁联运、公铁联运、空海联运发展需求将成为旅客联程运输主导模式

空铁联运是旅客联程运输发展模式中最为成熟的一种模式，伴随着我国航空枢纽建设与旅客吞吐量发展规模不断扩大以及高铁营业里程的不断增加，加之新规划、新建航空枢纽越来越重视"统一规划、统一设计、统一建设"理念，客运枢纽联动功能进一步凸显，发展环境的进一步优化将越来越吸引旅客采用空铁联运出行。

由于道路客运面临转型升级压力,道路客运企业逐步意识到与铁路"携手"充分发挥公路"门到门"优势,是吸引客源的有效手段,高铁无轨站正是利用公路运输解决了高铁未覆盖地区旅客出行难的问题,将高铁网进行了下一级延伸。伴随我国邮轮业呈井喷式发展,尤其是我国旅客跨境邮轮发展也日益增长,我国空海联运规模也将逐步放大,部分邮轮公司在现有发展基础上已经实现了"一体化票务销售"及"行李运输"服务形式。

(三)新技术的研发应用将成为旅客联程运输高质量发展的重要支撑和方向

目前,移动互联网、物联网、云计算、大数据技术的日趋成熟,5G 通信、人工智能、区块链等高精尖技术的研发应用快速发展,这给旅客联程运输的高质量发展注入了新的活力、创造了新的机会,使政府行业管理、企业产品服务创新、旅客联程运输领域研究工作获得了更多的抓手和可能。未来,旅客联程运输的运营组织效率、旅客运输服务质量、治理水平治理能力将不断快速提高,有望在旅客出行机理、出行需求预测、智慧出行信息服务、综合交通电子客票服务、行李识别和运输追踪、无感支付、快速通关、生物识别认证等关键核心领域和应用场景上取得突破,并催生和培育出旅客联程运输服务新业态,为综合客运服务体系建设提供新动能。

(四)全链条出行服务将引领我国旅客联程运输面向"高质量、高品质发展"

国际航空运输协会(IATA)发布了《2018 年全球旅客调查报告》(Global Passenger Survey 2018 Survey Highlights)。报告指出,旅客越来越希望完成一次"无缝衔接"的出行,这就包括完成酒店预定、保险、机场到目的地的交通、租车等一系列操作,同时有56%的旅客希望能够全程追踪到自己的行李,同时希望行李可以被直接从家里送到机场以及机场以外的地方,51%的人愿意将他们的行李直接送到他们的最终目的地。

伴随着乘客的出行要求的不断提高,我国旅客联程运输将逐步实现全链条出行服务模式发展。所谓全链条出行服务是为旅客提供"出行前、出行中、出行后"的全链条服务。具体包括:"出行前"的交通运输方式选择以及路径的规划,为旅客制定个性化出行方案;"出行中"为乘客提供路径诱导、无缝衔接的换乘体验以及行李直挂及跟踪运输;"出行后"城市内部接驳方式及支付方式以及为有特殊需求旅客提供票据清分结算清单及保险相关服务等。未来,旅客联程运输将重点放在全链条出行服务领域上,着重提升出行者服务体验,引领我国客运领域实现高质量、高品质发展。

二、总体思路

（一）发展思路

贯彻落实《交通强国建设纲要》，以改善旅客全程出行体验，以满足旅客个性化、高品质出行需求为出发点和落脚点，以优化运输组织、促进各种运输方式服务融合为切入点，坚持以人为本、市场主导、统筹协调、改革创新的原则，依托综合交通运输管理体制机制、新技术的推广应用以及市场需求，以京津冀、长三角、粤港澳大湾区等城市群地区为重点区域，以票务、行李运输、标准为重点，着力优化综合客运枢纽联运服务功能、加强资源共享和协同组织调度、鼓励模式和产品创新、着力优化市场环境、激发企业活力，加快推进旅客联程运输健康、有序、快速发展，更好地满足旅客个性化、多样化、高品质出行需求，增强人民群众获得感、幸福感和安全感。

（二）发展目标

分两阶段提出旅客联程运输推进目标。

到2025年，旅客联程运输系统基本建成，旅客购买联程票更加便捷，"一票制"或"一证式"购票基本实现，综合客运枢纽换乘更加方便，换乘时间大幅减少，旅客联程运输服务主体出现，一站式联程出行信息服务全面普及，不同运输方式间的信息实现互联互通，旅客联程运输运量大幅增长，京津冀、长三角、粤港澳大湾区主要枢纽旅客联程运输成为主流，有力支撑交通强国建设，我国旅客联程运输处于世界先进水平。

到2035年，打造形成一体衔接、无缝换乘、全程服务的旅客联程运输系统，全面实现旅客联程运输一体化运营组织调度、一体化运营服务、一体化信息服务，有效支撑"全国123出行交通圈"（都市区1小时通勤、城市群2小时通达、全国主要城市3小时覆盖），旅客联程运输成为跨方式出行的首选，全面支撑交通强国建设，旅客联程运输发展处于世界领先水平。

（三）基本原则

推进我国旅客联程运输要坚持"以人为本、市场主导、创新驱动、统筹协调、因地制宜"的二十字方针。

以人为本。旅客联程运输发展根本还是要解决旅客全程出行便捷性问题，旅客的出行需求是第一位的，推进旅客联程运输发展，必须要以旅客需求为导向，旅客需要什么样的联程运输服务，我们就应当通过不断优化运输组织调度、提供更加方便的票务服务、换乘服务等服务，全面提升旅客出行全链条、各环节的服务效率和服务品质，切实改进旅客出行体验。

市场主导。我国客运市场是市场化程度较高的市场，尤其是当前"放管服"改革的背景下，企业在客运市场中发挥着越来越重要的作用，尤其是随着互联网企业渗入客运出行市场，旅客运输市场市场化趋势更加明显，因此，推进旅客联程运输还必须要坚持市场主导，充分发挥企业的积极性和创新性，充分发挥市场在资源配置中的决定性作用，无论是枢纽功能优化、联程运输供给，还是全程出行信息服务等方面，都应该是企业主导，政府管理部门主要发挥引导作用，通过税收、资金、试点等手段，引导企业积极推进联程运输发展。

创新驱动。旅客联程运输对于传统的铁路、公路、民航、水运等运输方式组织模式来说，是一种新的组织模式，不论是政策、标准、管理、组织、调度、票务、行李运输等方面都需要打破或调整现有运输方式的工作方式，而且很多方式没有可借鉴的经验，必须要摸着石头过河，根据我国客运市场的管理体制、组织方式、客流特点等要素，进行制度、技术、管理等方面的创新，解决旅客联程运输发展的瓶颈和障碍，增加旅客联程运输发展新动能。

统筹协调。旅客联程运输涉及的运输方式多，涉及的主体多，涉及的管理部门多，牵涉的管理制度、政策、标准多，往往是在夹缝中求生存、求解决问题的方法，尤其是不同运输主体都有各自的利益诉求，一方面需要涉及的利益主体进行妥协，另一方面，还要寻找利益共同点，力争实现利益共赢，这就必须要坚持统筹协调，发挥各个主体的积极性，加强部门间的协同协作，推动各种运输方式设施共建共享、信息互通、管理协同，充分发挥不同运输方式的比较优势，提高综合运输组合效率。

因地制宜。推进旅客联程运输有时候需要改革或打破现有运输组织管理的模式，管理的政策制度，而我国不同区域的客流条件、管理政策、基础条件等还不太一样，这就需要坚持因地制宜的原则，有信息互联互通、安检互认、行李直挂、"一票制"等方面根据各地的实际情况先行先试，开展试点，通过局部开展试点，探索经验，从而为全面推进旅客联程运输发展奠定基础。

三、战略任务

（一）客运枢纽联运功能优化

1. 推进思路

充分发挥地方人民政府在解决综合客运枢纽衔接问题上的关键作用,在综合客运枢纽建设初期就参与进来,从枢纽的选址论证、功能设计,到枢纽的用地、规划、设计、施工、运营进行协调、监管、指导和监督。在建设初期发挥好专家智库的作用进行充分论证,建设高标准的综合客运枢纽。

积极探索综合客运枢纽建设的投融资模式,在满足客运枢纽功能的同时,发挥好综合客运枢纽人流聚集的优势,在投资和收益之间取得平衡。以服务旅客为导向,促进各种运输方式之间积极解决衔接协调问题。

2. 推进措施

1）稳步推进综合客运枢纽建设

以构建现代综合交通运输体系为契机,按照"统一规划、一体建设、同步运营、立体开发"原则,积极打造"标准统一、功能融合、运营规范、服务高效"的综合客运枢纽。通过综合客运枢纽这一高效率旅客集散平台,有效推进旅客"零距离"联运。

综合客运枢纽的建设应由各地人民政府专门成立临时协调指挥机构,从用地、规划、设计、施工、运营进行统一协调(五个统一)。

积极拓展综合客运枢纽的投融资模式,鼓励枢纽投融资的一体化。吸引社会资本对综合客运枢纽进行投资,鼓励枢纽投融资的一体化,即由一家投资主体从用地、规划、设计、施工对枢纽进行跟踪,枢纽建成后移交各运营方,实现枢纽建设的"五个统一"。

拓展综合客运枢纽的商业功能,使得综合客运枢纽既要具备交通运输的基本功能,又能够通过合理的商业配套拓宽枢纽的投资收益渠道,实现综合客运枢纽的多元化运作。

2）推进已有场站设施的联运服务功能改造

对没有设置公路客运站的机场和火车站,积极推进公路客运配套服务功能建设;推进设置在公路客运站、火车站的城市候机楼建设,推进依托城市候机楼的空巴旅客联程运输发展。

3)积极推进新建客运站场联运功能规划建设

对新建综合客运枢纽,加强联程运输专用通道的规划建设,为一次安检提供便利;对新建公路客运站、火车站,符合旅客联程运输条件的要求规划建设候机楼;对新建火车站、机场,规划建设配套客运站。

4)推进城市异地候值机楼建设

鼓励道路客运企业与民航机场合作,大力推进枢纽机场城市候机楼建设,三大门户机场、八大区域性枢纽机场和十二大干线机场要在周边城市建设城市异地候值机楼,为旅客提供航班信息查询、票务、值机手续办理、行李托运等服务。完善道路客运班线许可制度,对起讫点一端在民航机场的市际道路客运线路优先许可,跨省往来于机场和城市候机楼之间的道路客运班线审批应简化流程。对运行线路固定、从事机场快线且单程200公里以内的旅游包车,通行时间不受限制。

与此同时,还应该积极改善制约旅客联程运输设施设备问题。研究开发旅客联程运输行李运输的跟踪和安检所需的设施设备,降低行李联运的成本,保障行李运输的安全。建立铁路、民航、公路等多种运输方式的沟通机制。积极解决铁路、航空的发班时间协调问题,解决铁路、航空之间的换乘效率和换乘便捷问题。

(二)联程票务一体化

1. 推进思路

在选择两种以上运输方式换乘出行时,得到更加便利的出行票务服务,在选择多种运输方式联运时,通过一个信息平台或者电话实现购票;选择出发地到目的地客票时,得到准确的路径推荐;在选择多种运输方式组合票时,得到组合票价的优惠;在前段行程延误需要更改后段行程时可以在一个服务平台或者通过一个电话实现退改签等。

2. 推进措施

1)推进公路、铁路票价市场化

建议参考民航票价动态调节机制,放开公路、铁路客运价格管制,在国家政策允许的范围内,允许客运班车、铁路班车根据市场供求情况和联运灵活调整基本运价和激励运价,为铁路和公路的深度合作以及未来公铁联运"一票制"的实现创造条件。

2）加快推进道路客运联网售票

按照先省内服务、再全国联网的步骤，有序推进道路客运联网售票系统建设，实现部、省两级系统联网运行。积极探索实现全部客票资源的实名联网售票，全国二级及以上客运站全部实现联网售票。吸引和鼓励社会资本和市场主体参与道路客运联网售票系统建设维护和运营管理，积极拓展票务信息查询和购票渠道方式，着力提升道路客运联网售票的便捷性和覆盖面。积极推动落实道路客运实名制工作。

3）推动公路、铁路售票系统开放共享

在道路客运全国联网的基础上，探索建立客运售票系统开放接口，供民航、铁路或第三方客票服务企业接入；研究铁路售票系统安全开放技术，推进铁路售票系统逐步向市场开放。

4）推进联运联网售票平台建设

加强各种运输方式售票系统深度融合，在此基础上加快建设旅客联程运输联网售票平台，发展"一站式"联运售票服务。

（三）推进行李运输一体化

1. 推进思路

政府鼓励支持联运相关主体服务创新，推行精益服务。大力推行联运精益服务，为旅客提供高效、便捷、优质服务行李直挂服务。行李直挂是旅客联程运输典型特征，其实质为一种特殊的快递服务。乘客按需选择行李直挂服务。将精益服务理念贯穿联运服务全过程，鼓励根据乘客需求分层次提供个性化行李直挂服务，有效提升公众出行服务体验。

适度开放市场行李直挂服务主体。鼓励联运相关主体以市场为导向以围绕航空为核心展开的空铁联运、公航联运和空海联运中涉及行李托运问题。

2. 对策建议

1）发展第三方行李托运安检一体化服务

依托第三方行李运输企业和机场、铁路部门的合作，提供行李直挂服务。完善机场与第三方行李运输主体之间的协议，审查第三方行李运输主体安全资质，将安全资质、企业规模、服务网络等标准评定作为机场选择第三方行李运输主体服务标准之一。旅客出行前第三方行李运输主体前往旅客要求的出行起点收取需要托运的大件行李包裹，经过必要的安全检查后按照一定的时效将行李包。真正实现旅客和行李包裹的分离运输,解放了旅客的双手和身体,同时减小了车站机场的行包安检管理压力。

2）推广机场、高铁车站远程行李托运服务

创新行李托运服务模式,推广机场、高铁车站远程行李托运服务。鼓励吞吐量大的机场和高铁站,将行李传送系统和民航离港控制系统前移至城市航站楼、市中心或沿线火车站及机场轨道车站设置,方便航空旅客直接在市中心或机场轨道车站就地办票和托运行李。优化机场车站行李安检制度,保障远程行李托运安全。

3）完善行李赔付保障协议

为强调联运行李运输服务保障工作,应进一步完善联运行李赔付保障协议。针对旅客联程运输过程中行李出现毁灭、遗失、损坏或者延误等问题,应明确行李联运赔付主体,制定详细行李追踪、赔付、拒赔细则,根据不同情况制定不同赔付方法。

（四）推进联运信息互联互通

1. 推进思路

行业管理部门,应重点从政策、研究、标准、示范等角度推进跨方式客运信息开放共享工作。启动一批信息开放共享、大数据分析等核心技术研发工作;推动建立综合客运枢纽信息共享、综合交通运行监测调度指挥中心信息共享等信息共享标准;选取重点区域,开展信息互联互通示范系统建设工程;出台推进跨方式信息互联互通的若干政策,为企业间或第三方企业推动信息互联互通提供政策支持。

运输企业,应推动建立自身企业生产作业系统的开放接口,为客运信息的互联互通做好技术性基础工作;同时,建议建立区域企业联盟,实现联盟间客运信息的互联互通。探索和鼓励第三方信息化企业,通过市场化模式,有效联通各方式客运信息。

2. 对策建议

1）促进跨运输方式客运信息互联互通

进一步健全公路水路客运班次信息、铁路旅客列车运行信息、民航航班信息共享机制,实现班次（车次、航班、船次）座位信息、旅客身份信息、车（航、船）运行状态、行李状态信息等信息深度互通共享。

2）加快信息共享核心技术研发

推进和支持一体化网络时空数据模型、跨方式旅客协同运输信息交互与共享技术、综合交通出行信息大数据分析技术等关键核心的研发,制定综合交通信息服务数据与接口标准,明确综合交通数据资源采集存储、传输共享、查询调用等方面的技术方案、操作流程和服务标准,促进综合交通信息系统数据资源共享和交换,定量评价区域或国家综合客运系统运行状态,支撑行业主管部门的日常监测、应急管理、信息发布和重大战略决策。

3)建立综合客运服务信息平台

响应"互联网+便捷交通"战略,合力推进"畅行中国"计划,基于旅客联程运输信息共享核心技术,促进和支持国家或地区旅客联程运输信息服务系统和平台建设,逐步实现铁路、民航、公路客运、城市客运等多种运输方式的班次、时刻、余票数量等动静态信息的有效整合和一站式查询服务,建立一张时刻表,一个出行信息平台,为旅客提供联运班次实时运行信息提醒、换乘时间估算、出行线路建议和晚点预警等信息服务。

(五)推进联运环境优化

1. 推进思路

国家层面,应当继续深化大交通运输体制机制改革。政府和行业管理部门应当根据社会发展和实际需要及时修改完善既有交通运输管理规定,推动交通运输市场化进程,出台扶持政策培育市场主体,规范各类服务主体的市场行为,着力建设充满活力健康有序的旅客联程运输市场。同时,加强宣传、加大人才保障,适时开展旅客联程运输建设示范工程,为旅客联程运输的大发展营造良好的环境。

运输企业和各类市场主体要积极探索旅客联程运输的服务模式,借助政府搭建的平台,充分利用市场资源,发挥自身优势,加强合作,为旅客提供更加优质的联运服务。

2. 推进措施

1)建立多方联络和协调机制

建议由交通运输部牵头,国家发展改革委、中国国家铁路集团公司、中国民用航空局等部门参加,成立旅客联程运输协调推进领导小组,强化部门间的沟通与协调,制定国家层面的旅客联程运输顶层设计,出台联运政策,以省级区域的联运为试点示范,通过先行先试摸索旅客联程运输。

2)加强地方综合交通运输体制机制建设

加强地方综合交通运输体制机制建设,各省市设立综合运输服务相应处室,明确处室推动旅客联程运输职责;建立地方公路、水路、铁路、民航各方的协调机制。

3）推动成立旅客联程运输企业联盟或行业协会等组织

建立各运输方式主管部门、企业等单位机构之间的信息交流、沟通合作平台，促进各种运输方式集约化组织和一体化运作。

4）进一步促进道路旅客运输深化改革

加快推进道路运输客运转型升级，不断简政放权，扩大道路运输企业经营自主权。在保障运输安全和行业稳定的前提下，在班线夜间开行、班线车型小型化、非定点开行、网络预约、分类管理、跨省客运班线审批等关键管理规定和条款上根据实际需求进行调整和适当放宽。同时，鼓励各地方联运企业深化转型升级，创新营运模式，积极推进与互联网深入融合发展。

5）培育第三方旅客联程运输服务主体和市场

在旅客联程运输的票务服务、行李直挂服务等领域，培育第三方联运服务主体，鼓励先行先试，探索成熟市场模式。政府应明确在旅客联程运输工作中的定位分工，重点依靠市场的力量，不过多干涉和参与市场活动，出台相应的财税和扶持培育政策，激发市场活力，引导和支持有潜力有实力的第三方服务主体开展多种多样的旅客联程运输服务。同时，政府应当制定法规制度，明确第三方服务主体的权利义务、准入退出条件和基本服务标准，防止完全市场化导致的服务绑架，维护市场秩序。

6）促进旅客联程运输上下游产业发展

通过探索和创新服务模式，提升旅客联程运输的服务水平，激发和挖掘旅客联程运输的市场需求，培养旅客选择一体化跨方式出行的习惯，催生和促进出行信息服务、电子客票、行李直挂运输、保险理赔、资金清分结算、出行周边服务、中转地旅游服务等相关上下游行业的发展，培育新型产业业态，使交通运输真正带动经济发展。

（六）实施联运标准化

1. 推进思路

通过出台相应的旅客联程运输标准和规范，推进旅客联程运输的发展。主要包括：推进综合客运枢纽等换乘节点的建设，解决设施设备的对旅客联程运输的阻碍，推进各种运输方式旅客联程运输信息互联互通，指导企业提高旅客联程运输服务水平等。

2. 推进措施

1）完善旅客联程运输标准体系

出台联运服务规范和运行标准体系，推动各种运输方式在客票电子化、购票在线化和支付网络化等方面的融合。在现有综合运输标准体系表基础上完善旅客联程运输相关标准,如增加各种运输方式售票系统的接口标准、行李跟踪的 RFID 标准等,从标准层面保障旅客联程运输的顺利进行。根据旅客联程运输发展需求,选择行业发展需求强烈的标准,及时纳入近期编制计划。

2)完善旅客联程运输法律法规体系

梳理现有旅客联程运输相关法律法规,及时修订完善现有法律法规,解决已有法律法规与现实需求的冲突和矛盾,并制定新的法律法规,推进旅客联程运输的顺利实施。积极开展综合交通运输促进法、旅客联程运输法规等立法研究认证,强化不同运输方式间法规制度的衔接与协调,明确旅客联程运输经营各参与主体的法律关系和责任。

(七)推进联运技术创新

1. 推进思路

以居民出行需求为导向,以为人民服务为核心,以重点技术发展趋势为引领,解决一批制约当前旅客联程运输发展的关键技术瓶颈,研发一批引领旅客联程运输发展方向的重大前沿关键技术,全面提升旅客联程运输关键技术和服务关键技术总体水平,落实"京津冀协同发展""长三角一体化发展""港珠澳大湾区发展"等国家区域协同发展战略,对标交通强国战略目标和世界先进水平,以产学研用协同创新为主要模式,选取典型区域、典型城市、典型模式,针对典型问题开展技术示范与推广,构建人民满意的旅客联程运输技术应用体系。

2. 推进措施

1)开展旅客联程运输出行需求基础研究

(1)出行行为识别技术

利用移动互联网、5G 通信、智能识别等新技术,研发基于多源异构数据信息的旅客出行行为识别捕捉技术,通过视频、App 场景数据、手机信令数据等识别旅客出发、驻留、换乘、在途、终止等行为。

(2)出行特征画像技术

研发旅客出行行为特征分析画像技术,实现综合客运网络上的微观问题热点挖掘以及不同属性类别群体的出行痛点识别。分析全国或重点区域旅客出行规律,识别出各运输方式及联程出行的重要出发、到达、换乘节点、运输通道及其时空变化,研发宏观出行规律显现技术。研究旅客联程运输通道耦合模型和运输网络供需耦合分析技术。

(3)出行需求预测技术

研究提出基于多元数据的旅客出行需求预测模型和技术,构建出行需求估计基础理论体系,形成出行需求估计理论的新范式,构建出行需求估计的多层次反馈估计框架,支撑交通系统发展和重大决策。

2)一体化联程出行协同服务技术

(1)研究一体化出行票务服务技术

提出一体化出行票务服务系统体系,实现旅客出行票务服务的一站式、无缝化、无感化,研发全国或区域综合交通电子客票信息互联互通技术、电子客票智能动态清分结算技术、非接触式多源客票信息识别、极速通关技术、生物识别身份认证、可信移动支付等核心技术,建设综合交通电子客票信息系统和服务平台。

(2)研究联程运输安检协同技术

提出铁路与轨道交通、民航与铁路、铁路与公路等的互认安检标准体系,制定完善多模式安检标准和组织流程,研发协同安检设施设备和关键安检技术。

(3)研究联程出行行李运输技术

包括行李特征信息标记和共享、非接触式行李识别跟踪、大规模综合运输网络下行李运输路由和效能计算、复杂转运节点行李安保、丢失行李快速定位和回归等技术。

(4)研究非常态下联程出行智能伺服技术

在班次/车次延误、取消、变更等非常态条件下,研发用户与运营商双向实时沟通反馈技术平台,提出运力动态调配、应急保障、出行服务应急支持策略等方法,研究非常态下联程出行智能伺服体系和关键技术。

3)旅客联程出行信息服务技术

(1)旅客联程运输数据共享与平台构建关键技术

研究基于区块链的物联网数据共享技术,基于智能合约的协同计算技术,面向智能治理的区块链平台构建技术,共享数据的可信认证技术,物联网环境下出行数据集市技术,面向弱势群体的出行信息服务模式。

(2)定制化旅客联程运输信息服务技术

面向联程出行旅客多样化出行需求,研究多运输方式、多源场景、异构数据条件下的出行信息资源产生演变机理,研发定制化旅客联程运输信息服务技术,建设智慧联程出行信息服务平台。

4）旅客联程运输公共治理技术

（1）公共治理理论架构、创新模式与运行机制

研究旅客联程运输公共治理理论架构，研究旅客联程运输公共事务治理的基本分析框架，研究信息网络环境下，旅客联程运输领域治理范式分析框架以及政策变迁趋势。研究旅客联程运输创新治理模式与运行机制，研究包括政府、市场、企业、组织、团体和社会公众等多元主体参与协商的公共治理结构，研究互利基础之上的有效制约与激励的运行机制，提出创新治理制度供给的一般原则与有效制度性规则构建方法。

（2）旅客联程运输公共治理综合评估技术

研究多源数据驱动的旅客联程运输绩效评估技术，提出一套针对旅客联程运输系统的无盲区实时绩效测评技术。研究治理政策仿真模拟技术，分析旅客联程运输系统的绩效衍变模式、旅客感知度变化和行为选择变化模式，搭建一套针对旅客联程运输系统的治理政策仿真模拟框架。

四、近期重点工作

推进旅客联运发展的战略重点是指当前的战略重点，随着旅客联程运输的发展，战略重点会随着发展环境、发展需求和工作基础而变化。当前，推进我国旅客联程运输的战略重点是推进票务一体化、推进铁路与轨道交通安检互认、推进空铁联运、高铁无轨站建设、城市候机楼建设运营、行李一体化运输等重点。

（一）推进票务一体化

票务是旅客出行最关心、最关键的问题之一，是影响旅客联程运输发展的关键因素，是旅客联程运输发展的核心要素。一方面，票务的购票方便性、退改签的便利性，直接决定了旅客联程运输的便捷程度，推进票务一体化作用非常关键。另一方面，随着移动互联网和支付技术的普及和应用，我国铁路、民航、道路客运已经全面实现电子客票或正在大力推进电子客票，全国道路客运二级及以上汽车客运站也基本实现了联网售票，全国省际、市际道路客运班线已经全面推广实名制购票。另外，《综合交通电子客票信息系统互联互通接口规范》也已经制定出台，推进旅客联程票务一体化具备较好的技术条件。

（二）发展空铁联运

从客运规模上看，铁路、民航尤其是高铁是最近几年发展最为快速的客运方式，民航

客运量最近几年保持了10%左右的增长,2018年,民航全年旅客吞吐量超过12亿人次,境内民用航空(颁证)机场共有235个。2018年,全国铁路旅客发送量33.13亿人次,同比增长9.0%,其中高铁动车组发送20.01亿人次,占比达60.4%,同比增长16.6%。铁路、民航的客运规模和比例不断上升,为空铁联运提供的客流基础。

从客运需求来看,民航和高铁的服务对象大多是对运输的便捷性、时效性和服务的品质有较高的要求,开展空铁联运,提高旅客购票、换乘、行李托运等环节的便捷性、舒适性,正好可以满足旅客出行的需求,有利于受到旅客认可。另外,民航和高铁的旅客相对高端,为联程运输付费的意愿相对较强,也为旅客联程运输运营提供了一定的支撑。

从国际经验来看,空铁联运是目前国外旅客联程运输发展最为成熟的联运模式,欧盟等国家和地区为较早地开展了空铁联运的探索、开展空铁联运积累了经验。

从发展基础来看,空铁联运也是我国发展最早、成熟度较高的联运模式。

从技术条件上看,民航和铁路是系统集中度最高的两种运输方式,民航早就已经实现了电子客票和实名制,铁路已经实现了实名制,目前也正在大力推进铁路电子客票,目前民航局和国家铁路集团公司正在开展空铁联运票务信息互联互通试点,开展空铁联运技术条件基础较好。

(三)推进铁路与城市轨道交通安检互认

从推进效果来看,大型客运枢纽的换乘衔接不顺畅是旅客反映较为强烈的问题,2018年媒体热炒的北京南站服务问题成为人民群众关心的热点。实施安检互认,可以减少旅客安检次数,节约旅客排队安检时间,提升旅客枢纽换乘体验,服务人民群众便捷出行,以成都东站情况来看,实施安检互认以后,高峰时段可以节约旅客换乘时间10~15分钟。实施安检互认可以减少安检设施设备和安检工作人员,以成都东站情况来看,实施安检互认后,可以减少配置安检仪4台,减少安检工作人员16~20人。

从推进条件来看,实施铁路与轨道交通安检互认要具备设施条件、客流条件、标准条件、意愿条件。从初步梳理情况来看,根据初步梳理,目前全国铁路火车站与轨道交通同站布设的枢纽有78个,其中13个已经实施了安检互认,其余65个枢纽中,具备改造条件枢纽30个,具备实施的条件。

(四)推进高铁无轨站建设

随着高铁的快速发展,高铁的里程和覆盖范围越来越大,越来越多的旅客选择高铁这种快捷、舒适、安全的交通方式出行,高铁成为中长途客运最受欢迎的交通方式。但是根据高铁的经济特性和服务范围,高铁无法实现服务范围全覆盖,仍然有较多地区无法直接享受高铁的快捷服务,尤其是部分县级行政区无法通高铁。如何让更多的人享受高铁的快捷服务,促进旅客便捷出行,构建多层次的客运体系,高铁无轨站是一个重要途径。

从道路客运来看,高铁无轨站是道路客运转型升级的重要着力点。当前,受各种因素影响,道路客运规模和效益大幅下滑,道路客运转型升级成为行业的重要问题,发展高铁无轨站,为高铁提高短途联运服务,满足旅客最后一公里出行需求,是道路客运转型的重要方向。

从铁路来看,高铁在中长途方面的优势非常明显,但是在广覆盖、门到门方面,高铁仍然需要道路客运完成最后一公里的接驳,从而为铁路增加更多的客源,提供更多的服务。

五、推进路径

(一)推进方式

先试点、再全面的路径。在旅客联程运输发展趋势还不明朗,旅客联程运输发展还处于萌芽状态的情况下,体制机制、政策法规、技术条件、市场需求等条件都不成熟,可以选择一定的区域或线路进行试点,通过试点摸索经验,总结旅客联程运输发展规律,在总结经验的基础上,确定推进旅客联程运输发展重点、目标和方向,完善相关法规和制度,在全国范围推进。

先宏观、再具体的路径。在旅客联程运输发展初期,在判断旅客联程运输发展趋势的基础上,先出台旅客联程运输发展的宏观指导意见,明确发展目标、发展思路和发展任务。

先鼓励、再规范的路径。在旅客联程运输发展初期,出台旅客联程运输发展鼓励政策,改革部分阻碍旅客联程运输发展的制度,鼓励各类主体积极开展旅客联程运输,在旅客联程运输发展到一定的阶段后,根据发展中出现的问题进行规范。

(二)推进路径

旅客联程运输发展是循序渐进的,不同的阶段有不同的推进重点,应当根据旅客联程运输的发展规律、发展特点,明确推进旅客联程运输发展的步骤,根据旅客联程运输发展,推进任务的难易和紧迫程度,研究提出旅客联程运输的推进路径可以分为三个阶段。

第一阶段:宏观指导、标准规范

开展旅客联程运输基础研究,明确旅客联程运输的概念、内涵,研判旅客联程运输发展趋势。多部门联合出台旅客联程运输指导性政策文件,在综合交通运输体系规划、综合运输服务规划中,明确旅客联程运输发展的相关内容,明确旅客联程运输发展思路、发展目标和主要任务。建立旅客联程运输标准体系,建立多部门联合推进旅客联程运输工作机制。

第二阶段:服务创新、先行先试

根据旅客联程运输发展,多部门制定推进旅客联程运输3~5年实施方案,明确近期旅客联程运输发展的具体任务。选择典型模式、典型区域开展旅客联程运输试点。成立旅客联程运输联盟,培育第三方旅客联程运输市场主体。

推进铁路与轨道交通安检互认。由部和国家铁路集团对实施安检互认的枢纽进行"安检互认枢纽"命名,联合国铁集团,总结现有安检互认枢纽的基础上,编制铁路与轨道交通安检互认实施指南,明确安检标准统一、安检设施设备改造、安检责任划分等内容,指导各地实施安检互认。

推进高铁无轨站建设。由部、国家铁路局和国家铁路集团联合推进高铁无轨站,出台推进高铁无轨站建设实施意见,明确高铁无轨站建设的相关标准、支持政策、行李托运,依托道路定制客运发展高铁无轨站。

推进信息互联互通。制定出台旅客联程运输信息互联互通标准,推动铁路与民航实现票务和时刻信息互联互通,推进道路客运电子客票,深入推进道路客运实名制售票,推进道路客运联网售票全国联网,建立多方式旅客联程运输出行信息服务平台,为旅客出行提供全出行链的信息查询服务。

推进城市候机楼建设。明确城市候机楼、城市候机楼至机场客运线路的属性定位,推进城市候机楼行李直挂。

第三阶段:智慧出行,全程服务

推进旅客联程运输"一票制",建立适应"一票制"相关的承运人责任、纳税、保险等相关制度,推动各种运输方式间和企业间建立清分结算平台和清算机制;推动旅客联程运输智慧出行,实现一站式购票、一证式出行、无感支付和检票通关等。推进第三方旅客联程运输发展成熟,建立第三方旅客联程运输主体的责任划分、保险、税收、法律地位等制度,实现全程负责、全程服务。推进跨运输方式一体化协同组织调度。优化旅客联程运输客票退改签管理制度,对联运客票的退改签时限、费用等给予一定优惠和便利。建立综合客运枢纽"统一规划、统一设计、统一建设、统一运营管理"相关制度。

（三）保障措施

建立健全工作机制。国家层面，建立交通运输部、民航局、国家铁路局、国家铁路集团推进工作机制，共同推进旅客联程运输相关工作，研究解决政策、制度、技术、标准等问题。推动地方各级交通运输、铁路、民航、邮政等部门进一步完善综合交通运输协调工作机制，协同推进安检流程优化、行李直挂等相关工作。

加大政策支持。国家层面，推动综合客运枢纽旅客联程运输功能优化、高铁无轨站、城市候机楼、联程信息互联互通等纳入车购税资金补助范围。地方层面，鼓励地方综合利用、融资、信贷等方面加强对旅客联程运输发展的政策支持。

开展试点示范。开展联运枢纽、一票制、高铁无轨站、城市候机楼、行李直挂等的试点示范或命名，鼓励不断探索和积累旅客联程运输发展经验，更好地满足旅客多样化出行需求。

加大宣传力度。支持成立旅客联程运输协会组织，充分发挥行业协会在标准规范制修订、政策宣贯、交流合作、人才培训等方面的作用。

六、本章小结

本章首先对我国旅客联程运输发展趋势进行了研判，明确提出了推进我国旅客联程运输发展思路、发展目标和基本原则，提出了客运枢纽联运功能优化、联程票务一体化、行李运输一体化、信息互联互通、联运环境优化、联运标准化、技术创新七个方面的战略任务，提出了每一项任务的推进思路和具体措施。同时，结合目前的工作基础和紧迫程度，提出了近期开展的工作重点，最后明确了我国旅客联程运输的推进路径。

参考文献

[1] 全国综合交通运输标准化技术委员会. 货物多式联运术语:JT/T 1092—2016[S]. 北京:交通运输部规划研究院等,2016:1-3.

[2] 王庆功. 货物联合运输[M]. 北京:中国铁道出版社,2002:1-2.

[3] G. Muller. Intermodal Freight Transportation. 4th Edition [M]. Intermodal Association of North America,1999.

[4] 全国综合交通运输标准化技术委员会. 旅客联运术语:JT/T 1109—2017[S]. 北京:交通运输部科学研究院等,2017:1-2.

[5] 中共中央,国务院. 交通强国建设纲要[M]. 北京:人民出版社,2019:9-10.

[6] 中华人民共和国国务院. 中华人民共和国道路运输条例[Z]. 北京:中国方正出版社,2004:1-5.

[7] 国际航空运输协会. 2018 年全球旅客调查报告[EB/OL](2018-10-11)[2019-12-29]. https://www.sohu.com/a/258868386_483389.

[8] 交通运输部科学研究院. 旅客联程运输发展战略及推进路径研究[R]. 北京:交通运输部科学研究院,2020:1-20.

[9] 龚露阳. 我国旅客联程联运发展关键问题及思路[J]. 交通标准化,2014(15):100-102.

[10] European Commission. The future development of the common transport policy:A global approach to the construction of a Community framework for sustainable mobility[Z]. Brussels:EU. Dec,1992.

[11] European Commission. Task Force TransportIntermodality[Z]. Brussels:EU. Oct,1995.

[12] European Commission. European Transport policy for 2010: Time todecide[Z]. Brussels: EU. Nov, 2001.

[13] Miller, Charles. Intermodal Surface Transportation Efficiency Act of 1991[Z]. Washington D. C. : United States Congress. 1991.

[14] 杨朗,周丽娜,张晓明.基于手机信令数据的广州市职住空间特征及其发展模式探究[J].城市观察,2019(3):87-96.

[15] 张天然.基于手机信令数据的上海市域职住空间分析[J].城市交通,2016,14(1):15-23.

[16] 冉斌.手机数据在交通调查和交通规划中的应用[J].城市交通,2013,11(1):72-81,32.

[17] 胡永恺,宋璐,张健,等.基于手机信令数据的交通OD提取方法改进[J].交通信息与安全,2015(5):84-90,111.

[18] 扈中伟,邓小勇,郭继孚,等.基于手机定位数据的居民出行需求特征分析[C]//第八届中国智能交通年会优秀论文集——轨道交通.北京:中国智能交通协会,2013:889-897.

[19] 杜翠凤,蒋仕宝.基于移动信令数据的用户出行特征研究[J].移动通信,2015,39(23):9-12.

[20] 詹益旺.基于手机信令的道路交通状态识别及预测研究[D].广州:华南理工大学,2017.

[21] 李耀辉.基于移动信令数据的用户出行行为研究[D].重庆:重庆邮电大学,2017.

[22] 包婷,章志刚,金澈清.基于手机大数据的城市人口流动分析系统[J].华东师范大学学报(自然科学版),2015(5):162-171.

[23] 宋少飞,李玮峰,杨东援.基于移动通信数据的居民居住地识别方法研究[J].综合运输,2015,37(12):72-76.

[24] 宋现敏,刘明鑫,马林,等.基于极限学习机的公交行程时间预测方法[J].交通运输系统工程与信息,2018,18(5):136-142,150.

[25] Bloch A, Erdin R, Meyer S, et al. Battery-efficient Transportation Mode Detection on Mobile Devices[C]//2015 16th IEEE International Conference on Mobile Data Management. Pittsburgh, USA: IEEE, 2015: 185-190.

[26] 杜亚朋,雒江涛,程克非,等.基于手机信令和导航数据的出行方式识别方法[J].计算机应用研究,2018,35(8):2311-2314.

[27] Anderson I, Muller H. Practical Activity Recognition Using GSM Data[C]// Proceedings of the 5th International Semantic Web Conference (ISWC). Athens: ISWC, 2006: 1-8.

[28] 李振邦, 应俊杰, 顾承华, 等. 基于数据挖掘的手机用户出行方式识别研究[J]. 黑龙江科技信息, 2014(34): 55-57.

[29] Wang H Y, Calabrese F, Di Lorenzo G, et al. Transportation mode inference from anonymized and aggregated mobile phone call detail record[C]// 13th International IEEE Conference on Intelligent Transportation Systems (ITSC). Piscataway: IEEE, 2010: 318-323.

[30] 章玉. 手机信令数据在交通枢纽客流监测中的应用——以重庆市为例[J]. 交通运输研究, 2017, 3(2): 24-30.

[31] 李祖芬, 于雷, 高永, 等. 基于手机信令定位数据的居民出行时空分布特征提取方法[J]. 交通运输研究, 2016, 2(1): 51-57.

[32] 中国铁道科学研究院集团有限公司. 列车时刻表[EB/OL]. (2019-01-01)[2019-12-30]. http://www.12306.cn.

[33] 北京市统计局, 国家统计局北京调查总队. 北京市统计年鉴2018[EB/OL]. (2019-01-01)[2019-12-30]. http://nj.tjj.beijing.gov.cn/nj/main/2018-tjnj/zk/indexch.htm.

[34] 民航局运行监控中心. 2019冬春航季国内、国际航空公司国内航班计划表[EB/OL]. (2019-10-17)[2019-12-30]. http://www.pre-flight.cn/Web-Home/NoticeList.

[35] 中国民用航空管理局. 2018年民航机场生产统计公报[EB/OL]. (2019-03-05)[2019-12-30]. http://www.caac.gov.cn/XXGK/XXGK/TJSJ/201903/t20190305_194972.html.

[36] 北京市统计局, 国家统计局北京调查总队. 北京市2018年国民经济和社会发展统计公报[EB/OL]. (2019-03-20)[2019-12-30]. http://tjj.beijing.gov.cn/tjsj_31433/tjgb_31445/ndgb_31446/202002/t20200216_1643263.html.

[37] 汽车站网. 道路客运线路表[EB/OL]. (2019-04-21)[2020-02-01]. http://www.qichezhan.net/city/.

[38] 中华人民共和国交通运输部. 中国城市客运发展报告(2020)[M]. 北京: 人民交通出版社股份有限公司, 2021.

[39] 百度公司. 百度地图[EB/OL]. (2019-08-31)[2020-02-01]. https://map.

baidu. com/.

[40] 首都机场集团. 机场巴士线路表[EB/OL]. (2019-08-21)[2020-02-01]. http://www.bcia.com.cn/jcbs.html.

[41] 交通运输部科学研究院. 关于综合客运枢纽安检流程优化的报告[R]. 北京:交通运输部科学研究院,2020.

[42] 国家统计局. 主要城市年度统计报告[EB/OL]. (2019-04-01)[2020-02-01]. http://data.stats.gov.cn/easyquery.htm? cn = E0105.

[43] 龚露阳,闫超,陈硕. 旅客联程运输指数构建及应用研究[J]. 交通运输研究,2021,(7),90-101.